親の会社を継ぐ技術

～後継者のゆく手をはばむ5つの顔を持つ龍とのつきあい方～

田村 薫
後継者倶楽部 主宰

みらいPUBLISHING

はじめに

親が事業をスタートさせ、子がその事業を継ぐ——ひと昔前なら当たり前のことが、現代では難しいと言われています。

なぜか。〝邪魔〟が入るからです。

普通、親子の事業承継がうまくいくことで困る人はいないはずです。お客さまや仕入れ先、取引金融機関や協力事業者、はたまた地域の人たちまで。みんながみんな、メリットを享受できるはず。

なのに、なぜか邪魔が入るのです。

後継者のゆく手をはばむのは、形としては親であることが少なくありません。

では、後継者の敵＝親なのでしょうか？

私はそうは考えていません。その背景には、これまで誰も気づくことがなかった複数の問題が複雑に絡み合っています。その問題の網に住みついた見えない怪物がいるのです。

当事者さえ気づくことのできない問題の本質が、そこにはあります。

そして、事業承継の失敗は、後継者の「やる気」や「資質」の問題ということで片づけられてしまいがちですが、果たして、親子の事業承継がうまくいかないのは後継者の問題なのでしょうか？

本書のテーマは事業承継。特に、親子の経営における会社の引継ぎについて、考えていきます。

事業承継というテーマでは様々な本が書かれていますが、多くは相続にまつわる税金の話だったり法律の話だったり、あとは説教くさいベテラン経営者の「こうあるべき」という理想論だったりします。

確かに税金の話も法律の話も大事です。しかし何より今、目の前にある苦しみを乗り越えなければ、後継者にその先が見えるはずもありません。

どんな本やセミナーでも、本書でいう「見えない怪物」を明らかにし、そのつき合い方を記したものを私は一度も見かけたことがありません。

ですから、本書ではそれらを明らかにすることを目的とした情報をお伝えしたいと思っています。

言うまでもなく、中小企業の事業承継は国を挙げて解決すべき問題という認識がなされています。そして、多くの〝専門家〟と呼ばれる方が、その解決に乗り出しています。

しかし、彼らは親である経営者のことしか見えていません。

子どもである後継者がどんな才能を持っていて、どうすればその才能を社内で活かせるか？ということを考えている人はほとんどいないように感じられます。

ひどい人になれば、「親が正しい。だから親の言いなりになれ」と主張しているように聞こえることさえあります。

日本の未来、会社の未来を握るのは、引退する先代社長ではなく、後継者です。

しかし、その大事な後継者が、自分らしい経営をしていくための指南書はなかなか見当たりません。

それも無理のない話です。世のほとんどの人は、後継者の本当の悩みを知りません。

私自身、そんな状況の中で自分の存在意義さえ疑う日々が続いていました。

しかし、拍子抜けするほど簡単なことを実践するだけで、目の前に広がる世界が一変しました。

本書の目的は、ネガティブな状況に陥った同族経営における後継者、つまり「社長の子息・子女」が会社を継ぐにあたって、目の前の〝問題〟を明らかにし、マイナス感情をフラットの状態にいざなうことです。

その方法は決して難しいものでもなく、誰でも実行可能なものです。

本書は経営の指南書ではありません。しかし、ここで紹介する方法を実践していただくことで、経営にも少なからず良い効果をもたらすものと考えています。

では、さっそく事業承継の中に潜む怪物を探求してまいりましょう。

第1章 社長である親を持った子に降りかかる「事業承継」という困難

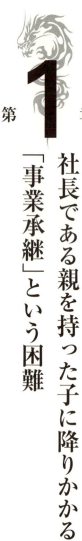

第2章

なぜうまくいかない親子経営に潜む「5つの顔を持つ龍」

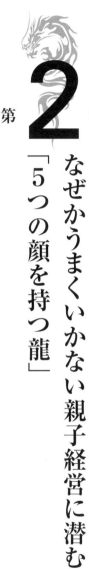

第3章

5つの問題はかわるがわる現れる

第4章 後継者よ、どこへ行く？

第5章

将来の不安と闘う

第6章

5つの顔を持つ龍への対処法

第7章 後継者が初めにやるべきこと

第8章 人が変化する環境のつくり方

第9章

「龍」という幻影

第10章　事業承継の目的とは？

第1章

社長である親を持った子に降りかかる「事業承継」という困難

まじめな後継者ほどバカを見る!?

親が作った会社も財産も、それを引き継いだ子どもが食いつぶす――世間一般のバカ息子の印象ではないでしょうか。

親子経営の問題を身近で見聞きしたことのない人のほとんどが、「経営者の親を持つ子どもはめぐまれた環境」という印象を持っています。

「金銭的な豊かさがある」

「将来は社長という地位を約束された存在」

「将来は安泰」

これが世間一般の人が、親子経営における後継者という立場にいだく印象です。

もちろん、そんな状況を有効活用している楽天的な子ども（後継者）がいるのも事実です。親の威光と富を最大限に活用し、オンナ（オトコ）を作り、ゴルフ三昧、海外旅行三昧と、この世の春を謳歌している場合も当然あります。

しかし、果たしてその割合はいったいどのくらいでしょうか？

私の肌感覚では、それはあくまで一部の人ではないかと思います。

ほとんどの後継者は、どうにか自分の役割を果たしたい、何とか会社を強く、大きくしたい……そんな思いを持ちながら、日々の労働に励んでいます。

そしてそういった後継者たちは、人からうらやまれる立場にあるはずなのに、人に理解されない苦しみを持っています。


過去に、こんなこともありました。

ある会合が終わって、同業他社の社長と電車で帰る際のことです。

彼は酔った勢いか、私の前でこう言いました。「君が二代目ということで、快く思わない人もいるんだよね」

ある程度予測はしていましたが、さすがに直接そんな話を聞くと、それなりにショックを受けるものです。

私の父は、何もないところから、自分の身ひとつで事業を立ち上げてきました。

保険の営業会社です。この世界は、営業力がすべてです。

特に、保険という商品は、父の起業当時はどの会社の商品も同一の値段・同一の商品でしたから、営業力以外の差別化が不可能な商材でした。

そんな中、多くの同業者の社長は、飛び込み営業から始めて今の会社を作ってきた海千山千の猛者ばかり。私の父は、そういった人たちの中にあって模範的存在だったようです。

そんな有名人を父としてもつ家庭に生まれ、〝何の苦労もなく〟その立場に安住し、コンテストに入賞すれば表彰を受ける私のことが気に入らなかったのでしょう。

好きでこんな立場にいるわけでもないのですが、彼らにしてみれば「さしたる苦労もせずに表彰式の場にいるボンボン息子」な私のことが気に入らなかったようです。

正直なところ、私自身もそういった華やかな場にいる違和感を覚えていました。自分自身にふさわしくない場所であることは重々自覚しています。

新米らしく、ひっそりと自分の能力を磨いていきたい。そんな風に思っていたものの、有名人の子どもはなかなかそうもいかないようです。

少し大きな話になりますが、かの長嶋茂雄氏のお子さんである長嶋一茂さんが世間に過剰な注目を浴びるのを見て、気の毒に感じたことを覚えています。

後に彼は、パニック障害で自殺衝動に駆られていたことをカミングアウトしています。スーパースターの子どもであることが、少なからず影響を与えている気がしてなりません。

親子経営の入り口

私が父の会社で働き始めて5年ほどたったころ、同業者の方から講演を頼まれるようになりました。対象は、同業他社の後継者や後継者を持つ親である社長たち。テーマは「親の会社をどう引き継ぐか」でした。

用意した話をひとしきり終えて、拍手を受けます。すると、質疑応答の時間がやってきます。私はこの時間が好きではありませんでした。必ずと言っていいほど同じ質問を受けるからです。その質問はこういったものでした。

「なぜ、親の会社を継ごうと思ったのか？」

この質問を受けると、いつも私は一瞬口ごもります。なぜ自分が親の会社を継ごうと思ったかを思い出せないからです。とはいえ、それなりにカッコをつけて、もっともらしく美談めいた話でお茶を濁していたように記憶しています。

「親の会社を継ぐ」。初めて私がそんなことを口にしたのは、小学校の高学年くらいのことだったと思います。父から「会社を継げ」、とはっきりと言われた記憶はありません。しかし、そんな子どものころから、親の会社を継ぐという考えを頭に浮かべたのは、きっと父の意向に報いたい、という思いがあったのだと思います。

そんなこともあって、大学に入る前には学習教材販売のアルバイトをしていた時期がありました。飛び込み営業の仕事なのですが、まさにお金をもらいながら、生まれて初めての「営業」を体験することが目的でした。

ぼんやりながらも、「父の会社を継ぐならば、そういった営業経験をしておいて損はない」と思ったことを記憶しています。


大学卒業後、私は父の会社に就職しました。その最終決断は、「他の会社も面接は受けてみたけど、どこも特別魅力的には感じなかった」という理由でした。つまり、消去法です。

先にお話しした講演での質疑応答の答えは、「なんとなく消去法で決めました」ということになります。なんともかっこうのつかない話です。

ここまでのお話であれば、「なんとなく」継いで、「なんとなく」会社の中で仕事をしていくというある意味平凡でもあり、ある意味安定した人生を送ってきたのかもしれません。

しかし、初めてのつまづきは、入社3ヶ月も経たないころでした。

なんとなく会社を継ぐと言っても、いきなり親の会社に入社するというのもどうかと思い、一定期間、同業他社で修業させていただくことになりました。後継者としてはありがちなパターンです。

入社式を終え、その一週間後から、毎日の飛び込み営業が始まりました。しかし、その結果は悲惨そのものでした。

アルバイト時代の学習教材の販売では、1日100件のお宅を訪問すれば、毎日1~2件の見込み客ができました。しかし、その商品を保険に持ち替えた途端、毎日200件の飛び込み営業をしても成果はゼロ。

3ヶ月が過ぎるころには、「自分にこの仕事はあわないかも」と思い始めていました。せめてもの救いは、成果が上がらなかったのは私だけではなかった、ということ。夕方になると営業から帰ってきた同期と顔をみ合わせ、お互い成果がなかったことを表情で確認をしてホッとする。そんな、みじめな日々が私の事業承継のスタートでした。

事業承継の問題は誰の責任でもない!?

22歳のころに親の会社に入社して28年が経過し、私も今や50歳になります。

途中、会社の中心にいる事務社員が一斉に退職したり、父とのひどい衝突も経験しました。それでも、業界に大きな影響を及ぼす団体の長を務めさせていただいたり、同業者に向けてのセミナー依頼を頂いたりする機会もいただくようになりました。そして現在、父からバトンタッチを受けた会社は、業界の垣根を飛び越え多くの同業者とは異質な活動をしています。

専門的な仕事や、経験がものを言う仕事の場合、ベテランはその世界のしきたりを非常に大切にします。私の父がスタートさせた保険の業界も同様で、どの販売店も他社と似たようなことをする傾向にあります。一方、私がやることは、そういった方々との方向とはまったく違うため、内外の抵抗も少なからずあります。

考えようによっては、周囲はみんな敵と思ってもおかしくない状況にあって、割と日々楽しく仕事をすることができるような状況になってきました。

それは、業界団体の長を務めたから？　それとも、講演依頼をいただくようになったから？

その答えはどちらもＮＯです。そんな経験は、自信になりそうに見えるかもしれませんが、まったくの逆です。

当時私は「自分の身の丈に合わない」という思いから、その依頼を何度も断っていたくらいです。そして、そんなお役目を必死にこなす中で感じていたのは、自己評価の低さと周囲からの注目というギャップです。むしろ、分不相応な立場に苦しんでいた、というのが正直な気持ちです。また、そういった立場に就くことが、父との関係改善に役立ったという印象もありません。実は未だに「この会社をきちんとカジ取りできているのか？」と問われれば、正直なところあまり自信を持っていません。このままやっていて大丈夫なのか、間違いじゃないのか、という自問自答はまさに今現在も常にあります。

つまり、将来に対して不安を持っていることは、入社当初も、今も、まったく変わっていません。むしろ責任が重くなった今のほうが、不安は大きいと思います。

それでも、やりがいという意味では、間違いなく今のほうが感じられています。

まったく仕事がうまくいかず、社員から退職届を次々と出され、父とも険悪な状態になっていた私が、今は少なくとも楽しく日々の仕事をしています。その間にはいったい何があったのか。

それは決して奇跡のようなものでもなく、誰かが救い出してくれたというわけでもありません。実際は、様々なことでトライ＆エラーを繰り返した結果です。

とはいえ、そんな体験談をここに書きつけたとしても、それは私だけの経験です。本書執筆にあたっては、その背景にどのような力学が働いているかを5年かけて解明しました。

そこでわかったことは、**親子の事業承継の問題は、後継者の能力の問題ではない、ということ**

です。

後継者が自分の能力を磨くことは重要です。しかし自分の能力をどこまで磨いても、事業承継の問題を円満解決することはできません。当然社員の問題でもなければ、親だけの問題でもありません。ある意味、誰一人悪者はいないのですが、小さな問題が積み重なって集まり、一塊の悪役が生まれます。

今、後継者という立場が苦しい、という人にとっては、安易に自分や誰かを責めるのではなく、その原因を正しく理解することから始める必要があります。

親子の確執の原因を見誤っている

同族企業の親子に関しては、時折テレビや雑誌などでも取り上げられることがあります。大抵は「お家騒動」というネガティブな形です。そのお家騒動の原因を、多くの人は経営方針の食い違いと分析します。

しかし、それは問題の一部を示しているにすぎないと私は考えています。

「親と話し合いをしようとすれば、必ずケンカで終わって前より状況が悪くなる」。

これが〝親子経営の普通〟なのです。だから闇雲に話し合っても、話し合いの着地点はなかなか見つかりません。

意見が食い違うなら話し合いで解決せよ、というのは表面的な話でしかありません。いわば、家族が高熱でうなされているから、解熱剤を飲ませました、という話に過ぎません。この高熱が命に関わる病気なら、熱を下げるよりその病気そのものを直す治療を優先させるでしょう。

親子の確執を話し合いで解決せよ、というのはこの解熱剤のようなものです。

その場は一時的に収まる可能性はあっても、その関係の中に潜り込んだ病原菌は消えたわけではありません。

解熱剤で見かけの体調だけを良くしたいなら、親子の話し合いをすればいいと思います。しかし、本質的な課題解決をしたいのなら、その病原菌をまずは発見し、そこに必要な治療を施しましょう。

ここで「親子経営あるある」をご紹介します。

◆「〇歳になったら引退する」と公言しつつ、その言葉は守られることはない
◆外では「早く子に会社を任せたい」と言いながら、いつまで経っても引退しない
◆会社を去らない理由を「後継者がまだ育っていないから」と言う

◆後継者が「成果を上げたい」と思って行う提案ほど却下されやすい
◆提案が却下されたときの理由の多くは、明確にはされない
◆登記上の代表を交代してもお金の管理は親が行う
◆親の得意分野はいつまで経っても子に受け継がれない
◆良好な関係の顧客ほど子になかなか引き継がせない

この先を読み進めていただければ、きっとこれらの〝あるある〟が起こる理由がわかるようになります。これまでまったく不可解だった親の行動が手に取るようにわかるようになります。

まずは正しい理解をすることで、どこに力を入れるべきかがわかるのです。

次章から、それを一つひとつ明らかにしていきましょう。

第2章

なぜうまくいかない親子経営に潜む「5つの顔を持つ龍」

後継者を襲う5つの問題とは?

後継者の方にうかがいます。

親の会社に入る際、「いつかはやめてやる!」という気持ちで入社されたでしょうか?

多分、ほとんどの方ではそうではないでしょう。せっかくやるなら、それなりの成果はあげたいと考えていたはずです。

まずは会社の中で一番になろうとか、会社を大きくしてやろうとか、あわよくば上場なんかもできたらいいな、なんて考えていたことでしょう。

まさに、私がそうでした。


ひとまずはその夢を、事業承継を冒険に例えたときの「お宝」だとしましょう。私たち後継者が親の会社を継ぐというのは、そういった夢、つまりお宝をゲットする冒険物語のはじまりです。

もちろん、冒険ですから平たんな道ではないことは覚悟しているはずです。それなりの苦労もあるだろうし、障害もあるだろう。それを一つひとつ乗り越えて、自分の夢をつかもう、お宝を手に入れよう。

しかしほどなく、後継者は疲れ果ててしまいます。なぜならば、敵が見えないからです。

敵が見えない理由は、いくつもの顔を持つからです。私が確認しただけでも、５つの顔を持っています。ひとつの顔に剣を突き立てれば、次の顔が姿を現す。そして、いったい自分は何と闘っているかがわからなくなるのです。

終わりのない旅ほどきついものはありません。そこで最初にすべきことは、その「敵」の全貌を把握することです。

怪物その一▼「時の龍」～社会の変化と賞味期限切れのビジネス

まず、一頭目の怪物。その名を「時の龍」とします。この怪物は、親子で経営をバトンタッチする場合だけでなく、すべての中小企業に共通してその影響を及ぼしています。

それは、ビジネスがすでに賞味期限を過ぎている可能性です。

私が学生時代は、音楽ＣＤを買うとなれば、まだまだ個人店が主流でした。しかしそれは次第にＨＭＶやタワーレコードと言った大規模な外資系店にとって代わられ、ＣＤ通販から、データ販売へと形態を変えていきました。

今となっては個人店舗のＣＤショップはほとんど見かけなくなりました。

また、ある建築現場の警備を請け負う警備会社を親から引き継いだ二代目経営者はこういいます。

「オヤジの時代は、今と同じ売上でも会社には倍以上のお金が残っていた」。

仕事あたりの利益率が高かったのです。建築現場の警備と言えば、未だ現場はアナログです。仕事は30年前と変わらないにもかかわらず、利益率は半分。同じような話を、歯科医院を引き継いだ二代目経営者からも聞きました。

そのからくりは、「商品ライフサイクル」にあるのではないでしょうか。

日本を代表する経営コンサルタントである神田昌典氏は、その著書『60分間・企業ダントツ化プロジェクト　顧客感情をベースにした戦略構築法』（ダイヤモンド社）の中で興味深い図解を示しています。

世の中に出回る商品やサービスは、ほとんどの場合、ある一定の曲線を描いて市場に浸透すると言います。この市場浸透率をグラフ化すると、「S」の字を横に倒したような形になるため、Sカーブと呼ばれています。

商品が世に生まれ、普及する前段階を「導入期」といい、この時期にはなかなか利益が見込めません。一方、これが一定程度の市場浸透率を示す「成長期」に差し掛かったとき、利益が最大

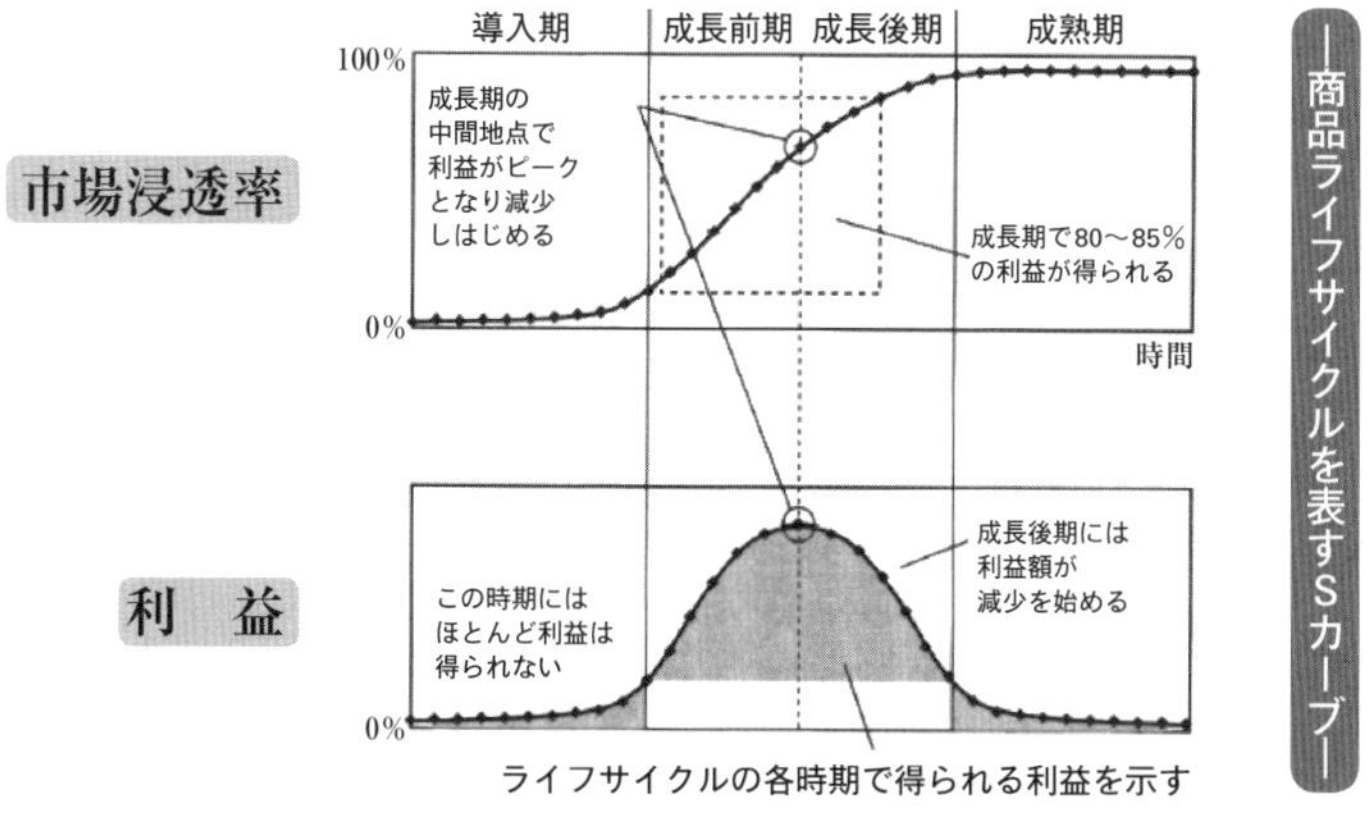

─商品ライフサイクルを表すSカーブ─

化します。

そして、この成長期の中間地点を過ぎると、利益額は徐々に減少を始めます。同じだけ売れても、利益がとりにくくなるのです。なぜ利益が残らないのかというと、このタイミングで競合との価格競争が激しくなるからです。

件の警備会社の先代が会社を創業したのは、1970年前半。

まさに、東京オリンピックから大阪万博後の高度成長期でした。建築ラッシュが続き、1980年代後半にはバブル経済下の箱物行政でジャブジャブと国や自治体から建設に関するお金が出てきた時代を経てきました。

しかし、二代目が就任するころには、バブル経済から日本は一気に暗黒の時代に転落。当然のごとく、警備業者の単価は一気に落ちています。

警備会社の経費として最も大きなものが人件費です。人件費の最低賃金を紐解くと、東京では1971年

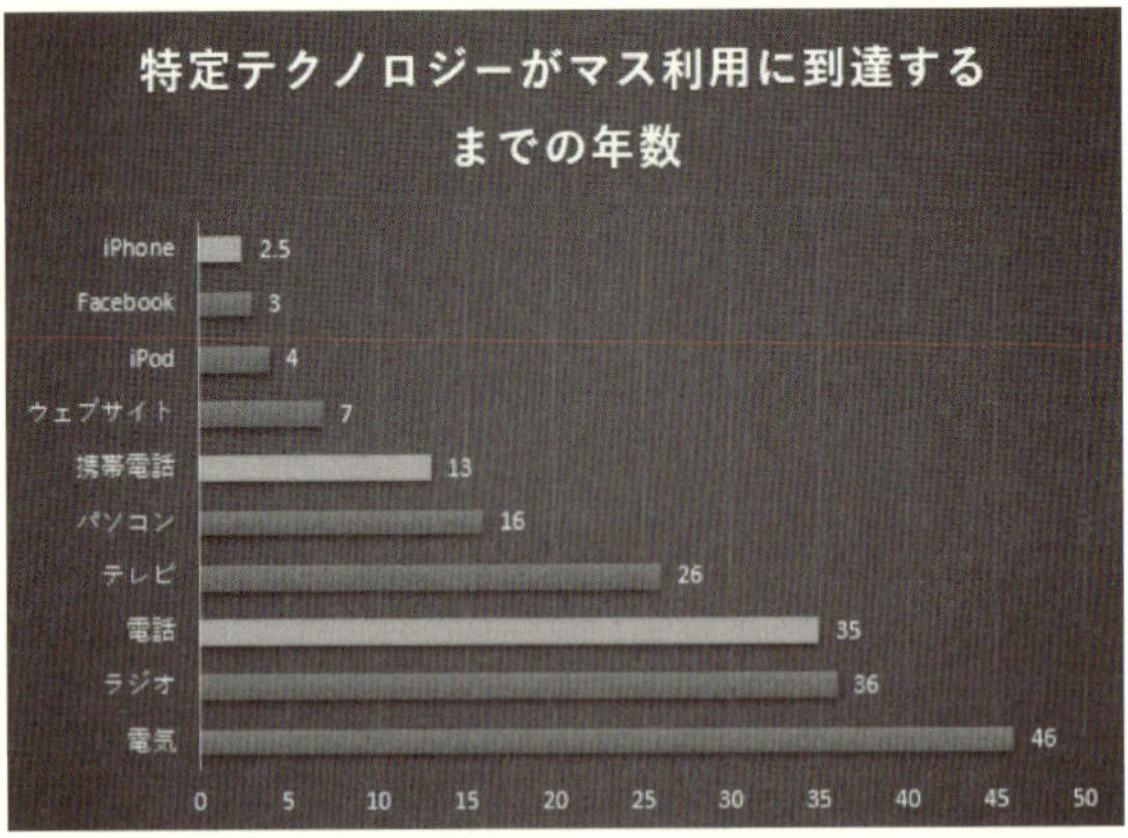

に１８１．２５円から一貫して上昇し、２０１７年には９５８円。警備員への報酬は上がり、仕事の単価は下がっていくという問題に苦しんでいます。

また、歯科医院においても、今は過当競争の時代でコンビニの数を超えていると言います。少子高齢化の影響を受けてか、健康保険制度も支払いを抑制する方向で動いています。やはり彼らも「オヤジのころのようなおいしい仕事ではない」と口を揃えて言います。

親の世代では、数十年かかって起こったこれらの変化ですが、そのスピードはますます加速しそうです。

上のグラフは、テクノロジーが一般化するまでかかった年数を示したものです。（出典『拡張の世紀』ブレット・キング）

電気やラジオ、電話が普及するまでには、30年以上の年月がかかりました。

35年かけて普及し、進化してきた電話は、たった13年で普及を果たした携帯電話に取って代わられました。そしてその後、登場から3年に満たないスマートフォンにその座を明け渡すことになりました。

世の中の移り変わりはますます早くなっています。私たちの親の時代に、数十年かけて普及してきたビジネスは、今や数年で塗り替えられることになります。

事業承継がうまくいこうがいくまいが、今のままでは会社としては遅かれ早かれ下降曲線を描くことが予想されるわけです。

前出の神田昌典氏は、その著書でこう語っています。

> 企業業績の優劣は、経営者の優劣と同一視される傾向がある。確かに長期的に見れば、企業業績のほぼ九割九分は経営者の実力が決める。それについて、私は全く異論がない。しかし**短期的に見れば、経営者の優秀さと、ビジネスの成功は必ずしも一致しない**。運よくこれから成長する商品に出会えば、どんなにバカな経営者でも、爆発的に儲かってしまうのである。（太文字は筆者による）

そんななか、中小企業が生き残るためにはどうすればいいのでしょうか？

『会社の寿命―盛者必衰の理』『続・会社の寿命―衰亡招く「第2の法則」』（ともに日経ビジネス編）にヒントが見つけられます。

同書では、過去百年間の上位100の企業を分析した結果、次のような「結論」と「会社が生き残るために必要なこと」をまとめています。

- どんな優良企業でも、本業比率が七割以上を占め、社員の平均年齢が三十歳を超えた時、明確に衰退の道をたどり始める。
- 会社の寿命を延ばす唯一の方法は、「変身」である。

当初の推進力を失いつつあるタイミングで代を継ぐことになる子どもは、会社を「変身」させなくてはなりません。

変化というのは過去と決別し、未知の世界に足を踏み入れることです。経験のないことへの挑戦ですから、失敗やリスクが伴います。

後継者は「会社の業績を現状維持する」だけでは、能力を疑われます。会社の業績を少し伸ばして、かろうじて「普通」と評価されます。数倍レベルで伸ばして初めてその能力を評価されるものです。

逆に、失敗が起きたとき、後継者がリーダーを務めていれば、子である後継者は「バカ息子」の烙印を押されます。

つまり、長期的な会社の展望を描く有能な後継者ほど、「変身」を起こそうと動くのです。

しかし周囲には賞味期限切れのビジネスにしがみつくことしか考えられない人たちばかりだと、その後継者の意図する会社の「変身」は、制止されることになるのです。

これが、後継者を困らせる第一の怪物、「時の龍」の姿です。

怪物その二▼「疎外の龍」～調和を乱す存在

でき上がったコミュニティに、新しい人が加わるというのは結構なストレスがあるものです。

それはコミュニティの構成員にとっても、コミュニティへの新たな参加者にとっても同様です。

そのコミュニティが、親が社長を務める会社となれば、その反応も大きなものとなります。

コミュニティを形成する社員にとっては、社長の分身が自分たちの懐に入ってきたようなもの。

今までは、社長のいない場所で会社の愚痴を言っていたかもしれません。

どうしても、後継者とは一定の距離を取りたくなる気持ちはわからないでもありません。

後継者としても、コミュニティのざわつきは肌で感じ取ってしまいます。変に気を使われているとか、自分がここに居てはいけないような気がするとか。感じ方は様々でしょうが、単なる新人というわけにはいかない雰囲気があります。

どことなく落ち着かない環境の中で、きっと後継者は仕事での悩みを持ったり、人間関係の悩みを持つこともあるでしょう。そして、次第に後継者は責任ある地位に就くようになります。多くの場合は、ベテラン社員を飛び越えて、彼らの上司となることも少なくありません。

そのころになると、親との意見の食い違いも感じ始めます。また、いつまで経っても自分を評価してくれない親に対して苛立ちさえも感じ始めているころかもしれません。

その結果、後継者は会社の中で孤立してしまうのです。

社内では話すことのできない想いを、果たして誰に相談できるでしょうか。家族にはそんなことで心配をかけたくありません。学生時代の友人は、話したところで「サラリーマンのつらさに比べたら贅沢だ」と嗜められるかもしれません。

後継者は相談先もなく、悩みや不安を打ち明ける相手もなく、ただ一人、自分の心の中で不安や不満を募らせていきます。

結果、後継者は周囲の人間との絆を見失ってしまいます。そんな孤独が「疎外の龍」の本質です。

怪物その三▼「監視の龍」～常に見られている後継者

後継者は目立ちます。親である社長が目立つ以上、それは避けることができません。

新入社員のころからいつも注目の的。同僚は自分を腫れ物のように扱うし、顧客は自分を「社長の息子」として扱います。ひっそりと静かに修行を積むことなんてできないのが普通でしょう。

周囲の期待値は、それなりに高いものです。普通の人レベルの仕事では、赤点です。

次第に後継者は、常に無難な選択をするようになります。

目立つことを恐れ、自分で決めたことが失敗であったという評価を避けるため、世間的に納得感のある選択をとる傾向が強まっていきます。まさに、事なかれ主義。

きっちりしていて、そこそこ仕事ができ、取り立てて問題行動を起こさない、いい人――後継者にありがちな人物像です。

これがサラリーマンであれば、処世術としては有効かもしれません。

しかし、後継者は未来の経営者です。今は親の後ろで、親の考えに沿って仕事をすれば、何とかなるのかもしれません。ところが将来、自分がトップに立ったとき、周囲の評価におびえて思い切ったことができなければ、会社もまた路頭に迷う確率が高まります。

他にも弊害があります。無難な選択をするから、突発的な問題を起こさないよう、社内をルールや規則で縛ろうとする傾向があります。社内外で何かしらの問題が起こったときにきちんと対処できなければ、自分に赤点がついてしまうからです。

そういったリスクをできるだけ避けようと、社員をロボットのように動かそうとしてしまいます。本人にはその意図はないので、自分でも気づきにくい部分であることもこの問題を余計に難しくしているかもしれません。

ここで、矛盾が生じます。「時の龍」では、会社は「変身」が必要だと言いました。後継者自身、会社を変えなければならないと思っている人は多いと思います。

一方、会社を変身させるには一定程度のリスクをとることは不可欠です。しかしここにきて、変身はさせたいけどリスクは受け入れない。まさに、「突撃ィィ！」と号令をかけながら、自分はあとずさりするかのような矛盾が起こるのです。

さらにいえば、「無難な選択」は自分自身の選択ではありません。多数派が認める選択です。

こういった他人本位の選択を繰り返すと、自分自身のストレスを蓄積させていく原因にもなります。

本当は自分をもっと活かしたい。しかし、周囲の目を気にするあまりそれができていない状況が「監視の龍」の正体です。

怪物その四▼「執着の龍」~自分の生きがいを奪われまいとする親

後継者は、早く自分の力で会社の経営を行っていかなければならない、という焦りを持っています。しかし、そう思って行動を起こすと、必ずと言っていいほどそれをはばむ存在が現れます。それはかなりの確率で、親であることが多いのではないでしょうか。

親は口では、「早く、後継者に代を譲りたい」「楽をさせてくれ」というものの、その言葉に沿った行動を起こさないことが多いのです。具体的には、親の仕事はブラックボックス化されていて、何をやっているのかがわからない部分があります。

重要取引先との経緯や、金融機関とのつきあいや、場合によっては決算書さえも見せてもらえない後継者も多いのです。

本来、早く代を譲りたいのなら、そういった重要なことこそ早く引き継ぎを行うべきなのですが、それは一向に進まない。親世代の経営者は、他人に説明するのがあまり上手ではない人が多いと思います。しかし、どうもそれだけではないように思えるのです。

代を譲りたいと言いながら、実際にはその方向への行動が起こらないという現象を、私は長年不可解に思っていました。そこで様々な文献を調べた結果、ある考え方にたどり着きました。

親の、ある心理背景です。

「経営者は一般人と比べて心の偏りがある」という主張をされている方がいます。元・横浜国立大学の准教授である堀之内高久先生です。堀之内先生は「経営者は、非常に自己愛の強い人が多い」とおっしゃいます。創業社長の場合はその傾向が特に強いそうです。

経営者として起業してそれなりに実績を残すには並々ならぬ苦労を伴います。30年前であれば、株式会社設立には「三人以上の取締役と一人以上の監査役」「1000万円以上の資本金」が必要となります。

そのためには、その苦労をいとわぬ原動力が必要となります。

堀之内先生はその原動力に着目されました。「もっとお金持ちになりたいなぁ」という淡い夢レベルの思いでは、とてもではありませんが会社さえ創ることができません。それをやり切る背景には、もっと強い動機が必要だと考えました。

その動機を考えるベースとなるのは、「自分は取るに足らない存在である」という前提だそうです。取るに足らない存在だからこそ、何かしらの形で世間に自分を認めさせる必要があったのです。

創業社長の話を伺うと、大抵は何かしらのコンプレックスがあります。

・勉強したいのに、家が貧しく進学できなかった
・農家の末子であったため親からあまり大切にされなかった
・親が離婚（または死別）していたため、早く一人前にならなければならなかった
・親が厳しくて、まったく自分が認められなかった
・優秀な兄弟と比較されてばかりいた

など理由は様々ですが、このようなコンプレックスが原因となり、自分が無価値である、という考えを持つところがスタート地点としてあるようです。

だから、無意識に「自分が認められるため」の行動をとります。

こういった方はワンマン経営者であることが多いです。他人の意見を聞き入れず、自分の意図

と違う行動を社員がすると叱りつけたりする人が多い。これは、無意識に社員を自分に依存させて、自主的に動けなくさせているのです。

社員は何から何までワンマン経営者に聞いてから動く必要があるため、その経営者を素通りしては物事が進まない状態を創り出しているのです。


このように、ワンマン経営者の多くは本人が気づかない無意識の領域で「自分がいなければ会社は回らない」という状態を望んでいます。それが「親である経営者としての存在価値」と認識している可能性が高いのです。

親が経営の座を退くことは、これまで頼りにしていた「自分が生きる価値＝会社の中心で周囲から頼られる存在」という状態を捨てることに他なりません。

中小企業の経営者の引退理由は、統計上はもっともらしい内容が公表されていますが、それを実行に移すきっかけの多くは体調不良や、仕事が実質的に回せなくなったなど、先代経営者がどうしようもなくなったときに初めて権限移譲が行われることが多いと感じています。

親は頭では譲るべきだとわかっていても、心の部分でその踏ん切りがつかないのです。「禁煙しなければならないとわかっているのだけどついつい、タバコに火をつけてしまう」「ダイエットしたほうがいいと思うのに、気づいたら食べ過ぎている」という行動に似ています。

この親の心のあり様が、「執着の龍」なのです。

怪物その五▼「不動の龍」~自分の位置を変えまいとする姿勢

最後の怪物。それは後継者が自分の位置を変えまいとする姿勢です。

後継者の人たちに、「こうなったらいいな」という状態をイメージしてもらうと、こんな意見が目立ちます。

「社員が自分の言う通り動く」

「親が自分に協力的である」

では、そのためにできる努力はありますか？　と尋ねると、口ごもってしまいます。「動くのは自分じゃないから、自分にできることなんてない」――そんな思いなのだと思います。

さらに、相手が自分のために動いてくれるには、それなりの動機が必要になります。後継者にとっては「社員には給料を払っているのだから当然」という感じでしょうか。これはある意味、お金だけの関係と言えそうですね。

お金があれば、人は進んで動くことができるのでしょうか？

立場を変えてみれば、後継者は親との関係の中で、親が社長であるときに給料さえもらえれば、親の「思い通りに」動くでしょうか？

そうではないでしょう。

もちろん後継者も、親や会社がより良くなるよう動いているのは間違いないです。しかし、それは親の思い通りではないはずです。

このことから、誰かの思い通りに動くことと誰かのために動くことでは、まったく性質が違うものだとわかります。

確認しておきたいのは、自分が考える通りに他人が動いてくれるという期待は幻想だ、ということです。後継者自身が何かしらの働きかけを行わず、相手の行動をコントロールすることはできません。

この問題は、とても重要なので、次の章でも詳しく取り上げたいと思います。

第3章

5つの問題は
かわるがわる現れる

全貌を見せない〝敵〟

ここまでで後継者を悩ませる5つの問題を「5つの顔を持つ龍」に例えて説明してみましたが、今までの私たちは、この問題をひとつの問題として認識していたのではないでしょうか？

しかし、この龍は一度にひとつの顔しか見せません。そして私たち後継者が必死にこのひとつの顔と戦っていると、あるときふとその顔は別の顔に入れ替わります。

例えば、こんな感じです。

年々、売上目標を達成するのが難しくなってきた営業チームを率いるある後継者。親は、営業社員に檄を飛ばします。「もっと足しげく顧客を訪問せよ」と。

しかし、後継者に見える風景は訪問頻度や営業努力の問題ではどうしようもない状況に見えて仕方がありません。もはや、自分たちの商品も営業も、時代遅れなのです。

そこで、後継者は提案します。新たな商品を作ろう、新たな営業方法を考え直そう、と（「時の龍」への対処）。

後継者としては、この社内への提案は営業社員には響くものだと考えていました。つらい営業から解放されるかもしれないからです。営業社員たちは味方になってくれるという読みで話をスタートさせましたが、意外なことに営業社員は、後継者の提案に見向きもしない様子です。

そこに来て後継者はムキになって、彼らを説得しようと試みます。「絶対に良くなるからやろう！」と。しかし、営業担当者は乗り気にならず、商品開発・製造部門も迷惑そうな気配。後継者が頑張れば頑張るほど、他の社員との距離は広がっていきます（「疎外の龍」の出現）。

後継者は、社内に意見を募りました。これからの会社を安定的に成長させるために、私たちに何ができるのか？　そんなテーマで定期的に会議を開きます。

しかし、今まで親がこういったことをすべて決めてきた組織です。いきなり聞かれたところで、社員は何のアイデアも持っていません。それを察知した後継者は、丁寧に社員に説明し、発言を求め、徐々に会議がこなれて意見が出始めたところで親が会議に現れて一言。

「こんなことにいったいどれだけ時間をかけているんだ！　さっさとやるべきことをやれ！」

これまで何ヶ月もかけて会議のムード作りをしてきたにもかかわらず、社員はまたもや黙り込んでしまいました。社員は会社で意見を求められていないのだと改めて感じ取ったことでしょう。

これは、「執着の龍」とつながる話です。親である社長は、会社のことに口を出さずにはおれないのです。

いかがでしょうか?

形は違えど、似たようなことがきっとあなたの社内でも起こっているのではないでしょうか?後継者は、こういった問題が目の前に現れるたび、そのとき考えうる対処をするのですが、次から次へと新しい問題が押し寄せてきます。

そして、終わりのない戦いにいつしか疲れ果ててしまいます。ゴールが見えない戦いほどつらいものはありません。その過程で疲弊し、ついには会社を辞めたい、もしくは親を会社から追い出したい、という思いが心の中に浮かび始めます。

しかし、残念ながらそれは、根本的な解決策にならないことがほとんどです。

実際に親の会社を辞めた元後継者が、その後、何年もその罪悪感に苛まれる話をよく耳にします。私たちは、進むことも退くこともできない場所に立たされてしまったような感覚に陥ってしまいます。

本当の〝敵〟はどこにいるのか?

ここで考えたいことがあります。

「目に見える〝敵〟は、本当の敵ではないのではないだろうか？」

私たちは〝敵〟の幻影と闘っているのではないのか？　そして、問題を引き起こしている原因は何か？　と考え始めます。すると、こんな風に解釈し始めるのです。

「時の龍」――時代変化にあわせ会社を変身させようとすると親がそれをはばむ
「疎外の龍」――後継者を孤立させるのは親の存在の大きさに一因がある
「監視の龍」――後継者が周囲の眼にさらされる要因はやはり親の存在が原因
「執着の龍」――親が自分の地位を保とうとする問題もまた、親のふるまいの問題

すべてにおいて親が直接的・間接的な形で関与しているように見えると、親の存在そのものが自分の〝敵〟であるかのように感じてしまいます。

この5つの顔を持つ龍の心臓を剣で貫けば、そこには親がいるような気がしてなりません。

しかし、それは果たして本当でしょうか？

本来、会社を共に育てていこう、という思いを持つべき関係なのに、親と子は対立の構図を描き始めます。多くの企業では、ここで思考が停止してしまい、親子の確執を生み始めます。

親子の対立の原因を理解するキーワードが「正しさ」です。

経営の世界で、絶対的に正しいということは存在しません。どんな熟練の経営者や経営コンサルタントも必ず失敗することはあります。

例えば、1940年代時点で、テレビがラジオに変わって国民の娯楽になると考えた人は誰一人いません。〝ながら〟で楽しめるラジオがあくまで主役で、テレビの前に座って時間を過ごすことなどありえない、と多くの〝専門家〟が考えていたそうです。

Amazon 創業当初、あのような本の通信販売がうまくいくと考えた人もほとんどいませんでした。それでも一旦普及し始めると、テレビは長い間国民的娯楽の中心を担いましたしAmazon は世界をけん引する企業のひとつです。

そして、「正しさ」の解釈も人によって違います。多くの場合、「文脈に依存する」と世界的な神経科学者である、ボー・ロット教授は言います。

このことをスーザン・デイビッド氏は『EAハーバード流こころのマネジメント』(ダイヤモ

ンド社）の中でうまいたとえを使って説明しています。

まず、次の文字を見てみてください。

恐らくほとんどの人は、「い　ろ　は」と書いてあるように見えると思います。しかし、これはどうでしょうか？

ほとんどの方は「1　2　3」と知覚したと思います。

勘のいい方はわかると思いますが、「ろ」と「3」は、同じ文字をコピーしたものです。まったく同じ形をした文字が、並び（つまり文脈）を変えることで、違った文字に見えてしまいます。

同じ会社・同じ社会を見ているはずなのに、なぜ親と子で違った方向へ進もうとするのかは、ここから推測できそうです。

社会や会社をとらえる〝文脈〟が違うから親は「ろ」ととらえ、子どもは「3」ととらえている。

それでも現実は、双方共に同じ文字を見ているのです。


この文脈をリアルな世界に当てはめるなら、「立場」と言えるかもしれません。

親は、親であり、ベテラン経営者であり、今までのリーダーであり、熟練の職人。

後継者は、子であり、若者であり、これからのリーダー。

視野の力点を過去の経験に置く親と、力点を未来の予想図に置く後継者。ひとつの問題に対しても、見ている方向が違うのです。

そして双方は、同じ文字を見ながら、こう言い争うのです。

「これは〝ろ〟だ！」

「いや、どうみても〝3〟だろ！」

お互いが自分の正しさを主張し、相手に「〝3〟と読め！」「いや〝ろ〟でなければならない！」

と説得しようとします。まさに、白いものを黒いといえ、というような理不尽を相手に突き付けているわけです。

私が「議論で親子経営の問題は解決しない」と主張する理由はここにあります。

4つの龍は「不動の龍」に集約される

「ろと3」問題は「不動の龍」と重なる話です。自分が正しい（つまり自分の意見は変えない）という前提で、相手を打ち負かそうとするからです。

厄介なことに、後継者も親も自分が正しいと信じて疑いません。

私たちはお互いが、自分の「正しさ」を主張し合うことで、相手が「間違っていること」を証明しようとしています。それが、説得です。

あるとき私は、様々な手を使って自分の考えを父に押し付けようとしました。

例えば、現在70歳代になる世代の経営者は権威に弱いことが多いのです。父は、私の言葉は信じることができなくても、権威者の言葉を借りることで「なるほどな」と納得することは結構あります。

その場の話し合いでは、最終的に父は「おまえの言うことももっともかもしれないな」と納得してくれたかのように見えました。しかし、その数分後に放った言葉は、私の考えを理解したとは思えない正反対のことでした。

恐らく、本人は気づいていないと思います。脊髄反射的に出る行動は頭での理解だけでは変わらないということなのでしょう。

確かに後継者としては、これからは自分の会社になるのだから自分の考えを受け入れるのが筋だという主張はあると思います。同じように親もまた、親が正しいと信じる主張があるのです。

自分は頑として動かず、周囲こそ動くべきだ――そういう考えこそが、この「不動の龍」の正体です。

さて、冷静に眺めてみると、実はこれまで説明したうち4つ目までの魔物は、この不動の龍に集約されてきます。

時代の変化に対応しようと我を通そうとするのは自分です。疎外されて、つらいと感じるのも自分。監視を受けているかのような状況に息苦しさを感じたり、親がその立場に固執することを鬱陶しく感じたりするのも自分。

これらの感情は、他人の行動がきっかけにはなっていますが、自分の心の中で起こっていることです。

大事なことなので繰り返します。

感情はあなたの中で起こっていることです。その自分の中で起こっていることを変えるために、今までは、周囲を動かそうとしてきました。

しかし、先に話した「ろ」と「3」のように、物事は、文脈を変えればまったく別の意味を持ち始めます。周囲の人たちは、あなたの感情に都合よく動いてくれるわけではありません。ここに大きなギャップが生まれます。

親に異論を出せない後継者が会社を継げるのか？

ならば、衝突を起こさないように親の言いなりになるのか!?　と反論したくもなるかもしれません。

私が見る限り、後継者と呼ばれる立場の人は親の意向に従って真面目に仕事をまっとうしようとするタイプが最も多いです。

こういった従順タイプの後継者にはふたつのパターンがあります。

「親のいうことがすべて正しいと考えている人」と、自分の意見を持たない、つまり「自己主張のない人」です。いずれも「親」という原型があってそれを後継者がコピーしようとしているわけですから、劣化コピーにしかなりえないでしょう。

後継者に限らず、自分の意見を持たない人は相当数います。親が子に干渉しすぎて子どもが自分で答えを出す機会を奪われてきたケースが多いようです。

進学についても、自分が考える前に親から「○○大学ぐらい入っておけ」「学部は就職のことを考えると○○学部しかないだろうなぁ」という〝アドバイス〟をもらい、そこに合わせて生きることが子どもにとって楽だったのでしょう。

親は強制したつもりはないし、子も強制されたつもりはないけど、気がつけば親の言う通りの人生を歩んできた、という人は結構いるものです。

子は知らず知らずのうちに、親に従うことが最も楽に生きられる選択肢だと学習しているのです。

そもそも、後継者は親の考えに従う癖を持っています。

その状態で会社を引き継いで、親が元気なうちはいいかもしれません。しかし、親がいなくなったとき、または親の価値観や経験では会社という船の舵を取り切れなくなったとき、果たしてどうすればいいのでしょうか。

私はよく経営者の人たちがこんな言葉を口にするのを耳にします。

「俺たちの業界はこれからどうなるんだろうか……」。

私に言わせれば、業界がどうなるかなんて誰もわかりません。

そもそも「あなたたちはどうしたいのですか？」という問いかけをすることがあります。しかしそこに対する明確な答えを聞いたことがありません。

つまり彼らもまた、誰かの後ろをついていくだけで、自分の意見を持たないから周囲の環境ばかりを気にかけるのです。周囲の人に合わせることに慣れてしまって自分の意見を持つ習慣がないのです。

過去の延長線上に未来がある時代は、むしろそのほうが会社は安定しました。

しかし、今のような大きく社会が変化する時代に、船頭が自分の意見を持たないことは致命的です。

親に提案できる意見を持たない後継者は、残念ながら難しい時代に入ってきているのです。反面、自分なりの意見を持つと親や社員と衝突するジレンマを、後継者が抱えてしまうのが今の時代です。

なぜ後継者が変わる必要があるのか？

相手を動かそうとしてはうまくいかないし、周囲に迎合するわけにもいかない。ならば、いったいどんな方法があるのだろうか？

その方法はもう少しあとでお話しします。

その前に解決しておかなければならない問題があります。

社内に対立の構図を作り出す意見の食い違いがあったとき、なぜ後継者が何かしらの対策を打たなければならないのか、ということです。

いくら、「相手を動かそうとしてもうまくいかない」ということを頭でわかってはいても、「なんで自分だけが苦労しなければならないのか」という思いにとらわれることもあるでしょう。

自分が対処しなければならない理由が納得できなければ、気に障ることがあるたびに「なんで俺ばかりが苦労するのか」という気持ちに苛まれます。

人がいつもと違う選択をするのは「壁」を感じたときです。

たとえば、今の営業方法では目標の売上には到底届かないということが明確になったとしたら、きっと営業方法の見直しや、ターゲットの見直しをすることでしょう。

人間関係において、いつものつきあい方がうまくいかないとしたら、何かしらつきあい方の見直しをすることもあると思います。

壊れてもいない冷蔵庫の買い替えを検討する人がいないのと同じで、社内で起こる問題も、それが自分にとっての問題だと強く認識できなければ、何かを変えようとは思わないのです。

親子の経営で問題を強く意識しているのは、恐らく後継者です。

問題を抱えている人間こそが、何か変化を起こす動機を持っているということになります。親や他の社員は、何かを変える動機は持っていないことがほとんどです。

社内で、後継者であるあなただけが何かを変えようとしていたり、変える必然性に迫られているわけです。**問題意識を持つ人が動く。これ以上の理由はありません。**

第4章

後継者よ、どこへ行く？

怪物を倒した先には何があるのか？

ここまでで後継者に立ちはだかる問題を、龍に例えて解説してきました。

次に考えていただきたいことがあります。**「あなたが人生でやり遂げたいことは、龍を退治する（目の前の問題を解決する）こと」なのでしょうか？**


確かに、降りかかる火の粉は払わなければなりません。

しかし、それを乗り越えた先には、いったい何があるのでしょうか？

冒険物語で言うなら、怪物を倒した後に手に入れるお宝は何か、ということです。

どんな勇者も、何かが得られるという期待があるから命をかけて怪物と闘おうとするわけです。

一方で、「あなたは何を求めますか？」という質問に対して、すらすらと回答できる後継者は意外と少ないのです。


人の動機づけについて、臨床心理学者のフレデリック・ハーズバーグ氏は、二要因理論という考え方を発表しています。

その考え方によると、不満足を取り除いたとしても、満足感を感じることはできないとしています。

そう考えると、仮に龍を退治できたとしても、そこに後継者としての満足はないのです。後継者を仕事に駆り立てる動機は他に必要なのです。

そこで後継者の方々に、未来の夢を聞くわけです。その結果、多くの方は頭を抱えて考えます。

「そんなこと、考えたこともなかった」というのが最も多い感想です。

もっともらしい夢（会社を大きくしたいとか）を語る人もいますが、その表情に夢を語るような喜びが見受けられないことも結構あります。

このことからわかるのは、**後継者はたくさんの不満を持っている反面、自分を満足させる動機がイメージできていないことが多い**、ということです。

龍という敵が迫ってくることばかりに気を取られて、「仕方なく」それと対峙しますが、まったく士気が上がらないのはそのためなのではないでしょうか。

世の中には、危険な紛争地域に降り立ち、その様子を伝えようとするジャーナリストがいます。また、死と隣り合わせの登山を繰り返し行うアルピニストや、ジャングルの奥地をさまよう冒険家などもいます。

治安の悪い国で起業を果たした若い女性起業家の話や、生死にかかわる伝染病が蔓延する地域で病気と闘う医師の話を耳にすることもあります。

彼らは、どんな思いでそんな仕事をするのだろう？

私は不思議でなりませんでした。少なくとも「仕方なくやっている」というわけでなさそうです。きっと、生きがいとか使命とか、そういった言葉で表される感情が彼らの中にはあるのではないでしょうか。

私のような凡人に関して言えば、命を懸けて何かをやり遂げるというメンタリティはとうてい理解できませんが、大事なのは彼らが「進んでその道を歩んでいる」ということです。

そこで自分に置き換えて考えてみてみます。

今の自分は、自分が進んで選んでいる道を歩んでいるのだろうか、と。

もともと、経緯はどうあれ最終的には自分で「親の会社を継ごう」と決めたことは間違いありません。仮に強制されたものであったとしても、それは言い訳にはならないと考えています。今の状況は、自分がそれを退けなかったという証です。

あるとき、私はこう考え始めました。自分は自分の道を今からでも見つけるべきではないだろうか、と。

とはいえ、「あなたの生きがいは？」と尋ねられたところで、即答できるはずもありません。

さらに言うなら「あなたはどんな使命を持って生まれてきましたか？」なんて言われた日には、怪しさ満点です。

さすがに、自分の原動力は何だろうと意識した瞬間、雷にでも打たれたかのように自分の使命を悟るといったような出来事はそうそう起こるものではありません（中にはそういう方もいるようですが）。

ならば、少しずつでもそこに近づいていくことを意識する必要があります。

しかし、困ったことに、多くの後継者が本当の「自分の夢」を描きにくい共通の理由があるのです。

後継者が自分の「夢」を見つけにくい理由

人は危険を感じると、視野が狭くなると言われています。意識は一点に集中し、その危険から逃れる方法を最優先で探そうとします。命の危機に瀕する大事故に遭遇した方が、よく「非常口だけが輝いて見えた」という話をされているのを耳にしますが、そんな状態です。

これは爬虫類脳と呼ばれる、原始的な脳が強い生存本能を働かせることで起こる現象だと言います。危機的状況を脱するための機能ですが、心理的なストレスを継続的に受けた際も同じような反応が起こると言われています。

つまり後継者の置かれた状況としては、一点集中で問題解決のための思考がフル活動を始めます。しかし、後継者に降りかかる問題はひとつではありません。代わる代わる別の問題が襲ってくるわけです。

5つの問題が次々にやってくるのですから、ひとつの問題に「集中」すればするほど、問題の波状攻撃に翻弄されてしまいます。後継者は「問題解決」ばかりを考えて、「理想の会社」を目指す方向へ意識が向きにくくなります。


後継者が夢を語ることができない理由はもうひとつあります。

『ゴーストボーイ』という手記が出版されています。著者であるマーティン・ピストリウスは、12歳のころに原因不明の病で植物状態になりました。まったく他人との意思疎通ができず、医師は「本人に意識はない」と診断していました。

しかし寝たきりだった14年間の間、実はマーティンには意識があったのです。意識があったのに意思疎通の手段がない彼は、すべてが介護者になされるがままでした。

そんな彼があるきっかけで、パソコンを使って他人との意思疎通が可能になり始めたころ、あることで困り果ててしまいました。それは、食堂で「コーヒーにする？　紅茶にする？」と聞かれたからです。彼は12歳で他人と意思疎通が取れなくなって以来、物事を選択する、という行為をしたことがなかったのです。

介護人にコーヒーを飲まされればそれを受け入れ、紅茶を飲まされればそれを受け入れるしかなかったからです。そんな彼が「コーヒーか紅茶か」と聞かれても、どうやって選んでいいのかわからない、と半ばパニックに近い状態になったと言います。

さすがにここまでひどくはなくとも、私たちは「選択する」ということに様々な制限をつけられてきました。正しくは、自ら選択に制限を課してきています。

親が喜ぶだろうから、大学に進学する。親が喜ぶだろうから、会社を継ぐ。

これは、自分自身の選択、というより親への忖度《そんたく》と言えるかもしれません。とうてい「自分の意志による選択」とはいいがたいものです。

もしそうだとしたら、マーティンが経験したことに似た状況に置かれているかもしれません。

本心を人前で話さない、ということです。マーティンは身体的に不可能だったわけですが、私たちは心理的に不自由な状況にあることが多いと思います。

長男だから○○であるべき、だとか、経営者を親に持つ子どもだから○○であるべき、だとか、私たちは勝手な制限を自分に課してはいないでしょうか。

つまり、**自分の内からわき出る意志で物事を決定するのではなく、他人の意向に沿って生きてきたのです。**

それが癖になると、自分の意見は知らないほうが楽なのです。本心を知らなければ我慢をしなくて済むからです。だから自分で本当の自分の気持ちに気づかないよう仕向けます。

その結果、私たちは「やりたいことがわからない」という状況に陥り、目の前の問題へは対処するけど、その先にあるはずの夢が見えないという状況に陥ってしまうのです。

私たちのナビゲーションシステムは、目的地設定をすることなく、目の前の渋滞を回避するだけで、さまよっている状態と言えるのかもしれません。

延々と渋滞回避を繰り返していたところで、いつまでたっても目的地にたどり着くことはありません。

家業が好きになれない理由

簡単にやる気を上げる方法があります。「やり始めてみる」ことです。

「だまされた」と言われても仕方がないくらいシンプルなのですが、モチベーションの専門家はその効果に自信を持っています。

誰しも経験があると思いますが、部屋の掃除や庭の草むしりなど、また単純作業や面倒な作業を前にすると、人はやる前からウンザリしてしまいます。できることなら避けたいと考えつつも、その作業をいったんやり始めると変化が起こります。区切りのいいところまでやろうと、ついつい夢中になってやめられなくなるものです。

本来、家業だってやり始めれば、夢中になることができる可能性はありそうなものです。

しかし私の場合で言うと、10年経っても20年経っても、自分の仕事が「好きだ」と感じることはありませんでした。もちろん、お客さまに感謝の言葉をいただいたときなどは、やっていてよかったと小さな喜びを感じることはあります。しかし、もう一度その言葉が欲しくて仕事に没頭するということは皆無だったような気がします。

その原因は、心理学者であるジャック・ブレーム氏が提唱する「心理的リアクタンス」にあるのではないかと思っています。

リアクタンスとは「反発」という意味です。人は、生来的に「自由に行動したり、選択したい」という思いを持っています。それが邪魔されると、やる気を失ってしまう。宿題をやらずにゲームをしている子どもが、親に「早く宿題をしなさい」と言われた瞬間、やる気が失せてしまうという説明がわかりやすいと思います。

子どもにしてみれば、本当に「いつかやらないと」と思ってはいるけど、やりなさいと言われて反発してしまうわけです。「やろうと思っていたのに、言われたからやる気がなくなった」という子どもの言葉は決して嘘ではないのです。

私は後継者として会社に入ってから、自分なりの理想の後継者像がおぼろげにありました。それに近づくべく努力をしなければいけないと思うのですが、そう思えば思うほど動けなくなってしまうのです。それはまさに、自分の中に生じた「やらなければ」という強制力が、自分のやる気をそいでいった状態だと考えています。

しかし、それは他人から見れば、ただの言い訳でしかありません。自分でもそれはわかっていますから、自分で自分を律しようとして、ますますその不自由さにやる気を失うという、負の無限ループの中にいたように思います。

だから、家業そのものが好きになれないというよりも、自分の自由が抑制されていることへの反発として、家業へのアレルギーを感じてしまうのではないかと考えています。

この負のループから抜け出すには、自発的な衝動が必要になってきます。制約を排除した状態での自分が進むべき道、目的地設定が必要になるのです。

では、私たちは何をやりたいのでしょうか？

そう考えると、やりたいことなどわからない。ここでまた問題は堂々巡りを始めます。気を付けたいのは、「やりたいこと」は別に具体的なものばかりではない、ということです。

わかりやすいのはお金の話です。年収1億円になりたい、と決めたとします。しかしよくよく考えてみれば、1億円というのはあくまで紙切れの束、あるいは銀行口座のデータに過ぎません。お札のにおいが好き、お札のデザインが芸術的、ということでお金が好きならいいのですが、ほとんどの人にとって、お金は使って初めて価値が出ます。

いい車を買うもよし、いい家を買うもよし。しかしそれは、あくまで欲しいものは、車であり、家です。では、その車や家にどれだけ執着しているかというと、実はいうほど欲しいと思っていないことに気づくこともあります。

さらに深く考えていくと、実はお金という物質的なモノよりむしろ、お金を持っているというステータスが欲しいのかもしれません。そして、ステータスそのものというより、本当に欲しいのは人からの尊敬と言えるかもしれません。

ちょっと深く考えていくだけで、年収1億円の話が尊敬という話になっていきました。もしも尊敬が欲しいのであれば1億円は手段にすぎません。別の方法でも実現が可能です。

実は人に尊敬されることとか、人から一目置かれることが、本当の望みである、ということは割とよくある話ではないかと思います。「夢」というと具体的なものをイメージしなければならないような気がしますが、意外と抽象的なことのほうが多いような気がします。

まずは本質的な、自分の持つ価値観を知り、その手段として1億円稼ぐとか、他の手段をとるとかを考えていくと、見えやすくなってくると思います。

自分の本当にやりたいことを知る方法

やりたいことがわからないというのは、こてこてに塗り固めた「あるべき自分」という思い込みが邪魔をしている可能性があります。

その場合、無意識に行う自分の選択に着目してみると、重要なヒントになることがあります。

私もまた、何がやりたいのか、皆目見当もつきませんでした。

月並みに、お金持ちになりたい、いい車に乗りたい、という思いはありましたが、それだけではどうもモチベーションがわきません。

若いころの私は、自分を「器用貧乏」と評していました。何をやってもそこそこできるけど、一流と呼ばれる前に飽きてしまうタイプ。そんな私ですから、泥臭い努力物語とか、根性とかいう言葉は大嫌いでした。

そんな折、友人との会話の中で好きな映画の話になりました。その友人は私の好きな映画を評して、「なんかベタベタの努力物語ばかりじゃないか」というわけです。はたと気づくと、私は挫折した主人公が努力の末花開く物語が大好きだったのです。

人は、自分の本心をそういった物語や好みに反映させるものです。

私はそれに気づいたとき、自分の中に「コツコツと努力する人」というストーリーを持っていたことに初めて気づきました。改めて自分の過去を思い返してみると、何でも器用にこなしているようなつもりでしたが、初めてのことへのチャレンジは大体ヘタクソでした。それを努力でカバーして、そこそこできるようにまでしていたことに気づいたのです。

そもそも、その努力というのが自分にとってあまりに自然すぎて、根性という言葉とはちょっと距離感があっただけなのです。

こういったことをもう少し整理して提供している方がいらっしゃいます。

小森圭太氏はその著書『科学的　潜在意識の書きかえ方』で3つのワークを提供してくれています。「あり方を見つけるワーク」「価値観の指標を見つけるワーク」「充実の指標を見つけるワーク」です。

あり方を見つけるワークでは、過去に経験した嫌な出来事を思いつくだけ書き出し、同質のものを一つのグループにします。

グループ化した中から代表的なものを選び出し、その出来事の中で本当は何が嫌だったのかを言語化します。そして、その言語化したものを逆にすると、自身のあり方が見つけられるといいます。たとえば、「目先にことにとらわれている状態」が嫌だったとすれば、「自分は本質的でありたい」という軸を持っている可能性が高いと考えられます。

価値観の指標を見つけるワークでは、過去に感動した体験を書き出します。

それらの中から3つを厳選し、具体的に何に感動しているのかを言語化することで、自身の価値観の指標が導き出されます。

充実の指標を見つけるワークでは、過去に夢中になったものを書き出します。

さらにそこに「喜び」が含まれているものを厳選し、その喜びが何なのかを具体的な言葉にします。

どれも導き出される言葉は、お金が欲しいとか、車が欲しいという、手段ではなく本質的な言葉であり、自分の目的であることが予想されます。

そして、目的がわかれば、手段は自分が得意な方法をとればいいわけです。

自分の強みを活用する

ある後継者の方は、サッカーが大好きでした。実際に、会社のメンバーで、フットサルチームを作っていたそうです。

その方に、会社がどうなればいいと思いますか？　と質問したところ「社内の雰囲気が良くないので、もっと社内を明るく活発にしたい」と言われました。

フットサルをやっているとき、皆さんは寡黙にボールを追うのですか？　私がさらに聞くと、そんなことはない、と言います。みんなワイワイと楽しくやって、試合が終わればみんなでBBQを楽しんだりするそうです。

私から見れば、なんと仲のいい会社か！　と思うのですが、本人はそのことに気づいていない様子でした。サッカーが好きなら、それを使って会社を活性化できると思うのですが、そのことに思いがいたらないようなのです。

気を付けたいことがあります。それは、「強み」は大抵、自分では気づかない、ということです。自分にとっては当たり前すぎるからです。

逆に、自分が「強み」と思い込んでいることは本当の強みではなかった、ということがあります。振り返ってみれば、強みではないものを強みと考えていたからうまくいかなかったこともたくさんあるのではないでしょうか。

この「自分の強みを生かしたビジネスをすること」を、自分の仮の目標として掲げてみてはいかがでしょうか。そう意識していくと、いろんな経験の中でだんだんと頭の中がクリアになり、本当にやりたいことが明確になる可能性が高いと思います。

往々にして後継者は、自分が苦手なことさえも自分でやり遂げなければならない、と思い詰めるケースが多いです。そして、それができないことで、ストレスを積み重ねてしまいます。

組織全体の効率としても、リーダークラスの人間が得意ではない仕事を必死で克服しようとしているなんていうことは合理性を欠いています。

自分の中で、手掛けない仕事を意識してリストアップしておきましょう。そして、辞めることができるなら即座に手放します。

具体的には、誰かその仕事を得意な人に任せる仕組みを作るとか、そもそも社内にそういった仕事を持たないようなビジネスモデルを作ることを考えていきます。

私の場合は保険の営業会社ですが、営業が苦手だし嫌いでした。

そこで、対面営業をなくそうと考えました。見込み客集めのために様々なコミュニティを作るため、社内でコンセンサスを取って実行に移しています。

ハッキリ言って業界の常識からするとトンデモ話です。しかし、次第に大手企業はスマホアプリで直接顧客にアクセスするようになってきたので、リアルな営業が介在するウェイトはどんどん少なくなってくるでしょう。結果として、古い営業スタイルから抜け出る方向へ舵を切ることになりました。

「苦手だけど、やらなきゃならない」。そんな仕事をやらずに済ませる選択ができれば、相当気分的に軽くなるのではないでしょうか？

後継者の抱えるストレスのひとつは、こういった「何かを克服しなければならない」状況があるけど「克服した先にバラ色の生活が見えない」ことがあるのではないかと思います。

そのうちまずは、克服しなければならないという義務をひとつずつ肩の荷から下ろしていきましょう。


もちろんそれだけでは積極的に目指すお宝、人生の目的地にはたどり着けるとは思えません。とはいえ、**自分を会社や環境に合わせるのではなく、会社や環境を自分に合わせるというゴールをイメージしてみてください。**ちょっと楽しくなりませんか？

こう言うと、「不動の龍」でお話しした「自分が動かず周囲を変えようとしていること」を問題視しているのと矛盾を感じる方もいらっしゃるかもしれません。しかし、これは問題のレイヤーが違うのです。


自分が変わる努力をせずに周囲を変えようとするのが不動の龍。

そして、ここでいう「会社を自分に合わせる」というのは、自分が変化し、行動した結果起こる状況です。そういう意味では、会社や環境を変えるというより、行動や自分の変化で周囲が変わるという言い方が正しいかもしれません。

この言葉の意味は、もう少し読み進めていただくと、鮮明に実感していただけると思います。

第5章

将来の不安と闘う

後継者が抱く将来の不安

後継者の悩みのひとつに、将来への不安があります。

自分に経営者というのが務まるのだろうか？　というところから、そもそも自分の会社が将来存続可能なのだろうか？　というところまで、不安のネタは尽きません。

私の場合も同様でした。大口のお客様の引継ぎがちゃんとできるだろうか？　とか、自分は慣れていないけど、親が得意としている仕事を自分はできるようになるだろうか？　はたまた、世の中は、業界は、今後どうなっていくのだろうか？　不安要素を数えればきりがありません。

ではこの不安をどう克服したか、というと正直なところ何も克服できていません。

ただし、あるときに割り切ったのは、心配をしたところで何もいいことは起こらない、ということです。

不安が常に付きまとう方は、次の質問について少し時間をとって考えてみてください。

「あなたは、その不安を解消するために何をやりましたか？」

中には「精いっぱいこんな努力をしたよ」と言い切れる人もいるかもしれませんが、多くの方は、ハッとするのではないでしょうか。

後継者が経営者としての自分に不安をもっていたとしましょう。普通の感覚ならば勉強しようと思います。手軽なところでは、本を読むとかセミナーに参加するとか、方法はいろいろあります。

将来が不安だというのであれば、将来世の中がどうなるのか、その中で自分の会社はどうなればいいのか、ということを考えるための情報を集めたり、感性を磨いたりするのがシンプルな解決策でしょう。

しかし、それをやっている人は意外と少ないように感じます。日常業務が忙しいとか、うちに帰ったら一息つきたいとか、理由はいろいろだと思います。

それはそれでいいのですが、自分の将来であったり、それを託す会社のことを考える以上に重要なことがそうそうあるとも思えません。

ある後継者は、事あるごとに将来への不安を訴えていました。しかし、彼は勉強とか情報収集とかを行っているようには見えません。それどころか、楽しそうに毎晩飲み歩いてるではありませんか。どう見ても、悩み苦しんでいる人の姿には見えません。

彼に限らず、シンプルな解決策を実行できない人は意外と多いものです。なぜ多くの方は、現実から目を逸らすのか。

それを解明した人がいます。ハーバード大学教授のロバート・キーガン氏です。

人や組織の変化を阻む免疫システム

壁があるなら、行動を変えなければならない――ここまでは誰でも理解できる話です。しかし、その行動を変えるというのが困難であることが多いと思います。

ここには、人の心にある「免疫システム」が動いている、とハーバード大学教授ロバート・キーガン氏と、リサ・ラスコウ・レイヒー氏は著書『なぜ人と組織は変われないのか』で述べています。

個人レベルにおいても組織全体においても同様で、この「免疫システム」が変化に対する拒絶反応を起こしているといいます。両氏は、書籍の中でその免疫システムの内容を明らかにする方法まで語っています。

詳細について関心のある方は書籍を紐解いていただくとして、ここではその概要をお話ししたいと思います。

結論から申し上げますと、思いと行動の不一致はその人や組織の持つ固定観念が原因である、という考え方です。その固定観念を「免疫マップ」で明らかにしてみましょう。

免疫マップのつくり方・ステップ0：準備

まずは以下のようなマスを作ってください。

【注】本来免疫マップは横長でのレイアウトとなりますが、本書では紙面の都合上縦書きとさせていただいております。

改善目標	阻害行動	裏の目標	強力な固定観念
		【不安ボックス】	

免疫マップのつくり方・ステップ1：改善目標

改善したい行動や状況を「改善目標」の欄に記入します。

この目標は、「その目標が自分にとって重要である」「その目標は周りの誰かにとって重要である（目標の達成を歓迎する人がいる）」「その目標の達成のために、主に自分自身の努力が必要だと認識できている」という3つの要件を満たす必要があります。

今回は「将来の経営者としての自分の不安を取り除く」ということを目標として考えてみたいと思います。

免疫マップのつくり方・ステップ2：阻害行動

「阻害行動」の欄には、目標達成を阻むあなた自身の行動をリストアップしてください。

どのような行動をとっているせいで、あるいはどのような行動をとっていないせいで、目標の達成が妨げられているのかを明らかにします。

「経営の不安払拭」という今回の目標に対しては、そこに応じた勉強をしていないとか、未来予測の情報をとる努力をしていないとか、いうことが挙げられると思います。

免疫マップのつくり方・ステップ3：不安ボックス

3つ目の枠、裏の目標における「不安ボックス」を記入していきます。

ここには「『阻害行動』の項目と反対の行動をとったときに起きる最も不愉快な、最も恐ろしい、最も厄介な事態はどういうものか？」という質問に対する、あなたなりの考えを書きます。

今回の事例で行けば、「勉強することで自分のプライベートの時間が減る」「お金がかかる」といったものが出てくるかもしれません。もっと踏み込んで考えてみたときに、自分が本当にしっかりと勉強をしたとき、経営の責任も自分がもたなければならないかもしれない、という不安を持っていることに気づくかもしれません。

ここはとても重要なステップなので、深く深く自分の内面を見つめてみてください。

免疫マップのつくり方・ステップ4：裏の目標

人は不安を埋めるために行動します。従って、この「裏の目標」は「不安ボックス」に書いた内容を回避するために起こすアクションです。

今回の事例でいうなら「勉強のためにプライベートな時間やお金を削る」不安に対して、「今までの時間やお金の使い方を変えたくない」というのが、裏の目標のひとつと言えるかもしれません。

免疫マップのつくり方・ステップ5：強固な固定観念

ここまでの免疫マップを完成させれば、ゴールはもうすぐです。

「裏の目標」をよく見てみましょう。そこに、あなた自身が信じ込んでいる固定観念はないでしょうか？

実際に、たとえば、裏の目標の中で、「他人から低い評価を受けたくない」という思いがあったとします。となると、他人の評価を受けない立場でいる事を心の奥底で望んでいる可能性があるわけです。その背景には「目立つことで失敗を人に見られる可能性が高まる」とか、「失敗することが自分の評価を下げてしまう」という強力な固定観念があると考えられます。

これが、行動できない人の本当の「敵」になります。

文中に示した事例で作ってみた免疫マップのサンプルが次のものです。

この中身は人によって変わりますので、自分の手を動かすことが重要です。自分で書いてみて、自分自身との対話を行うステップをぜひ踏んでみてください。

改善目標

- 経営者となる不安を克服したい

阻害行動

- 経営の勉強をあまりしようとしない
- 責任ある立場や仕事から逃げようとする
- 人の前に立とうとしない
- 難しい仕事を親に任せっきりにしてしまう
- 自分の不慣れな仕事に積極的になれない
- 社内で起こった問題を見てみぬふりする

裏の目標

【不安ボックス】
- 本当に経営を任されるのが不安
- 失敗して無様な姿をさらしたくない
- 責任ある地位に立つことが怖い
- やったことがないことをやるのが怖い

- 気楽な一社員でいたい
- 他人から低い評価を受けたくない
- 目立ちたくない
- 無様な姿を人に見せたくない

強力な固定観念

- 責任ある地位に立つことで自分がすべてを負わなければならなくなる
- 失敗することは、自分の評価を下げてしまう
- 目立つことで失敗が人に見られる可能性を高めてしまい、一度失敗すれば立ち直ることは難しい
- 後継者である以上完璧（社員の模範）でなければならない

【注】本来免疫マップは横長でのレイアウトとなりますが、本書では紙面の都合上縦書きとさせていただいております。

さて、このサンプルの免疫マップ。これを見て何か感じるものがありませんか?

本来は、一人ひとりが違った免疫マップを作ることが大事です。しかし、ここに出したサンプルでは、後継者にありがちなパターンを当てはめてみました。

特に「強力な固定観念」の部分は、後継者が持ちがちな固定観念と言えるのではないかと思います。

リーダーシップとは何か?

そもそも組織におけるマネジメントという考え方が初めて採用されたのが、軍隊だと言われています。軍隊においては、常に情報はリーダーに集中し、それをもとにリーダーは適切な判断を行い、さらにリーダーのミスは即座に隊を危険にさらします。逆に、常に緊急の判断が求められる軍隊において、いちいち話し合いを持つ時間はありません。だから有能なリーダーにすべての権限が集中し、その命令に背けば重罪になります。

企業においてもその文化が取り入れられてきたのか、リーダーがすべてを背負い、リーダーがすべてを決め、その決断にミスは許されない、というイメージが強く浸透しています。

しかし、近代的なリーダーシップをピーター・F・ドラッカー氏は『ドラッカーの遺言』でこう言い切っています。

> まず誤解を解いておきたいのは、自分が先頭に立って事に当たり、人々を引っ張っていく姿勢など、まったくもって必要ないということです。

私たちは古いリーダーシップにとらわれて、間違った価値観を自らに課している可能性があります。

この固定観念をはねつけることができたなら、後継者は完ぺきである必要がなくなります。ハッキリ言って間違いを犯さない人、すべてにおいて完ぺきな人などいるはずがありません。

逆に「弱みを隠すために」かなりの精神力を使っている人は多いのです。また、組織マネジメントにおいても近年の研究では、弱みを見せないことは円滑なコミュニケーションを妨げるということがわかってきています。

むしろ、率先して弱みを見せることで、社内のコミュニケーションが活性化すると言われています。

私の場合もやはり以前は、自分は完ぺきでなければならない、と思い込んでいました。失敗は許されないものだと思い込んできました。

しかし、絶対にミスがないようにと肩に力が入れば入るほどミスは起こるものです。

ある一面では完ぺき主義は、仕事に対して真剣と言えるかもしれませんが、生き方としては相当に苦しいのです。

すると、失敗を避けるようになります。経験したことのないことはやらない、必ず勝つことしかやらない、ということになるのです。結果としてチャレンジは減り、過去と同じことを繰り返すことしかしません。

自分がそう振る舞うと、部下にも同じことを求めるのが普通です。部下の失敗が許せなかったり、部下の想定外のふるまいが気にかかったりして仕方がなくなります。

結果として、部下を強制力でコントロールしようとし、部下はモチベーションが下がり、後継者と部下の信頼関係は最悪になり、向かう先は分裂かクーデターか社内モラルの低下か……。

これが代替わりの際にクーデターが起きるカラクリです。

変化への恐怖

どんな人も、大なり小なり変化への恐怖や不安は持つものです。

食後のドリンクにいつものコーヒーをやめて、今回は紅茶にしてみようとしたとしましょう。こんな小さなことでも、人は新たな選択にちょっとした不安を感じるものです。

不安と言っても、想定できるリスクはたかが知れています。コーヒーを紅茶にかえて、「失敗した」と思っても失うお金は数百円。

数百円程度のことに迷う理由は、お金を失うリスクではないと思います。

むしろ、安定を失うリスクです。

しかし、変化を起こすには未知の世界に飛び込むことが必要となります。

今までよりいいかもしれないけど、今までより悪いかもしれない。その未知の世界は、一度は経験してみないと良いか悪いかの判断さえもつきません。

後継者の悩みのひとつに、「自信がない」という言葉がよく聞かれます。

自信はどこから出てくるかというと、読んで字のごとく「自分への信頼」によるものです。言い換えれば、「自分なら大丈夫」「自分なら乗り越えられる」という思い込みです。

この思い込みを作るのには、失敗を経験し、それを乗り越える過程が必要です。

つまり、**失敗を乗り越える経験なしに自信は形成されにくいのです。**

自転車の乗り方を例に考えてみましょう。

そもそも私たちが初めて自転車に乗るときに「できるかな？できないかな？」と悩んだでしょうか？「できる」という前提で練習を始めたのではないでしょうか。

初めてチャレンジすることを「できる」と考えるのはなぜでしょうか？それは、友達の誰もができているからです。

できることがわかっているから、そのゴールに無心で向かえるし、何度失敗しても、あきらめずに練習に励むことができるのです。

結果として、身体的なハンディがない限りは、誰もが自転車に乗ることができるようになります。

経営も同じことが言えます。

世の中には現在、企業等数は約385万（総務省『経営センサス活動調査』平成28年）もの数があり、その数とほぼ同数の経営者が日本にいるとすれば、385万人もの人ができていることが、あなたにできないわけがありません。

「できる」という前提に立てば、**失敗は経験の蓄積です。**できるようになるために必要な〝過程〟と感じられるようになるのではないでしょうか。

未知の領域に足を踏み入れるのは確かに怖いとは思います。しかし、一歩踏み込んでみれば、今まで見たことのない興味深い風景が見えるはずです。「見えないから怖い」から、見えない世界を探求する好奇心を奮い起こしてみましょう。

後継者なんて割に合わない!?

一般的な認識でいえば、後継者といえばサラブレッドです。

そうはいっても、現実には社長といっても、小さな町工場だったり小さな商店の社長だったりすることも多いでしょう。役員報酬だって、一流企業のサラリーマンと比べれば、決して多いほうではないかもしれません。

そこにきて、誰にも理解されないような不安や苦悩に一人苦しんでいる。なんとも割に合わないなぁ、なんて感じる方もいらっしゃるかもしれません。

なぜそんなふうに感じるかというと、私たち後継者は自分の人生を会社に捧げているかのような感じ方をしているからです。

「長男だから、仕方なく会社を継ぎました」とか、「ほかに継ぐ人がいないから、自分が継ぎました」とか、やらされ感が強く漂っている人ほど悩みが深いのです。

そういう人は「自分さえ我慢すれば……」なんていう思いで、会社を継いでいることが多いのです。そして、自己犠牲でやっているにもかかわらず、誰も自分を尊重しない、と感じがちです。


驚くべきことですが、二代目経営者が出版する書籍の中にも、よくこんな言葉が出てきます。「父である社長の代わりに自分が父の夢を叶える」とかいうものです。これは、一見美談のように見えますが、私には受け入れられない考え方です。

もちろん後継者本人の本当の希望が親の夢を叶えることであれば、そういうことがあってもいいと思います。しかし、そうでないとすれば、自分の人生を生きずに親の人生を代わりに生きているような気がしてなりません。

簡単に誰かの代わりを演じようとはしないでもらいたいのです。

「親のために」という言葉にはどこか逃げの姿勢を感じるからです。

親のために会社を継いだ、親のために親の望むような会社経営をやる、親のために会社を存続させる……こう言っておくと、うまくいかなかったときに親のせいにすることができます。「本当は、自分がやりたかったわけではないけど」という言い訳です。

もちろん、会社をつぶしてしまえば、そんな言い訳を誰かにしたところで何の意味もありませんが、少なくとも自分への言い訳になります。自分がやりたくてやったことではないんだから仕方がないよね、と。

人間の思考は決して合理的にはできていません。前に話した免疫マップでも見たように、人前にさらけ出したくない本心を巧妙に隠して、自分の体面を保とうと必死になります。

だからこそ、免疫マップのようなフレームワークを使って、時間をしっかりとって向き合わないとその本心に気づくことができないのです。

もしあなたが本気でこれから自分の人生を生きていこうとするなら、ある覚悟が必要となってきます。裸の自分で勝負しよう、という覚悟です。

私が後継者としての経験から学んだ最も大きな部分はここにあります。

後継者の覚悟は、借金を背負う覚悟でも、会社を預かる覚悟でもありません。本当の自分をさらけ出すことにあります。

聞き分けのいい、まじめな仮面を外して、その奥にある本当の自分を再起動してみてください。そこにある本当の自分。それこそがあなたが5つの顔の龍を倒したあとに出会う本当のお宝なのではないかと私は考えています。

第6章

5つの顔を持つ龍への対処法

目の前の問題を分けてみる

ここからは、具体的にこの龍と対峙するに際しての戦術のお話になります。

その前に、ちょっとしたゲームにお付き合いください。以下のステップに沿って、今、目の前にある問題を整理してみてもらいたいのです。

ステップ1：今の自分にとっての「悩み」を書き出す

可能であれば、付箋一枚にひとつずつ書き出せると後の整理がしやすくなります。

手元に付箋がなければ、白紙に箇条書きでも結構です。思いつくままできるだけたくさん書き出してみてください。

ステップ2：「自分でコントロールできる問題」と「できない問題」に仕分けする

付箋に書いた場合、白紙を一枚用意し（A3用紙を横に置くくらいがいいと思います）真ん中に折り目をつけます。そして、付箋の内容を分類してみます。

「自分でコントロールできる問題」を左側、「自分でコントロールできない問題」を右側にペタペタと貼っていきます。

コントロールできる問題とは、自分の意志だけで直接的に問題を解決できるものです。例えば、会社で会議をやろうと思いつつ言い出せないとか、自分の仕事の時間配分を変えたいとか、自分で直接的に働きかけることができるものです。

逆に、コントロールできない問題というのは、景気の問題や、社員が自分ではなく親のいうことばかり聞くとか、親が自分の意見を聞いてくれないとか、自分の意志だけでは変えることができない問題です。

付箋を使わなかった場合は、一枚の紙に書き出した悩みについて、コントロールできる／できない、を蛍光ペンなどで色分けしてパッと見てどちらに属する問題かを分かるようにしていただければ結構です。

コントロールできない問題は考えるだけムダ

一通り仕分けできたら、それをざっくり眺めてみてください。

何か気づくことはないでしょうか？　「コントロールできない問題」が圧倒的に多くはないで

しょうか？

ある後継者は、親の会社に入社して15年ほど経ったころに代表権を譲られたといいます。名刺には「代表取締役」と刷られ、自身もその責任の重さに襟を正して仕事に臨んでいました。曲がりなりにも自分は、社内でトップに立つ人間。だから、社内で尊敬を集める存在になるべきだと考え、自分の言動を常に見直していたといいます。

一方、会長に就任した親は、いつもと変わらず後継者を子ども扱いします。後継者が「これからの会社はこうあるべきだ」というビジョンを社内に示したら、すかさず「そんな話はどうでもいい」などと後継者を軽く扱います。

後継者としては自分なりに順序立てて組織を作っていこうとした矢先のこと。その方向性はおろか、社員の前で自分の尊厳さえもが危ぶまれる言葉を浴びせかけられ、こう思ったそうです。

「オヤジは俺に恥をかかせたいのか」と。

社員の前で恥をかかせられた後継者は、こんな悩みをこのワークで書きだしました。「父である会長の口をふさぎたい」「会長が自分の足を引っ張っている」と。

こういった話は、程度の差こそあれ〝後継者あるある〟かもしれません。

このことは果たして、コントロールできる問題でしょうか？

単純に考えれば、相手の行動ですから容易にコントロールできるものではありません。中には「親は考えを変えるべきだ」という意見もあるくらいですが、人の考えを変えさせることはそう簡単ではありません。

こういった「相手の行動」「相手の考え」「相手の価値観」といった、私たちのコントロール下にないものに思い悩んでいる後継者は多いのではないでしょうか。

はっきり言います。コントロールできない問題は、気にしてもムダなのです。

しかし私たちは、多くの場合このどうしようもない問題に「力」を与えています。

ここで少し、お遊びをしてみましょう。次のことを思い出してみてください。

今から1分前、あなたの左手はどこにあって、どんな状態でしたか？

こうやって聞かれるまで、自分の左手のことは意識していなかったのではないでしょうか。

では、次に、左手に力を入れてください。

力を入れようとすれば、意識は左手に集中させているのではないでしょうか？

私たち人間は、問題を解決しようとすると問題へと意識を集中させます。問題に意識を集中させれば、問題が力を持ち始めます。つまり、あなたの頭の中で問題意識ばかりにフォーカスが向いてしまう、ということです。

そうなると、実はそれほど深刻ではない問題も、あたかも今すぐ対処しなければいけない問題に見えてきたり、今のうちにこの問題を潰しておかなければ、あとでとんでもないことになるような感覚に陥ってしまうのです。

大事なのは、「できることに対処すること」であって、コントロールできない問題に力を与えることではありません。変えることができない問題に思い悩む暇があるなら、まずは変えられる部分から変えていきましょう！

とはいっても、どうしても気になってしまうのがコントロールできない問題です。悩みの大多数を占める「コントロールできない問題」について、もう少し深く掘り下げてみましょう。

重要に見える問題が重要とは限らない

コントロールできない問題の例を挙げるとしたら、こんなものではないでしょうか。

・会社の改革をしようとすると必ず邪魔が入る
・自分の意見が社内で活かされない
・先代が話を聞いてくれない
・先代のものの言い方が気に食わない
・自分の要望を、先代や会社が聞き入れてくれない
・兄弟や部下が自分のいうことを聞かない
・社員が自分ではなく先代の意見ばかり聞く

先ほどのゲームで挙げた「あなたの悩み」の内容で、これに近いものがいくつかあったのではないでしょうか？

もしそうだとすれば、それは「あなたがどう行動するのか」ではなく「あなたを取り巻く環境」と言えそうです。直接的な行動では動かすことができないため、コントロールできないので

す。

ここで困ったことが起こります。自分がコントロールできないことがわかると、もはやそのことが気になって仕方なくなります。

限定品のお菓子が販売されて、話のネタに買おうとしたとします。しかし、1件目の店も2件目の店も商品は売り切れでした。すると気になって、3件目を見に行ってみたり、他のことをしていても、気になったりすることがないでしょうか。

初めは軽い気持ちで「買ってみようかな」と思う程度なのに、手に入れることができないとわかると、やけに気になるものです。

状況をコントロールすることも同様で、できないとなるとやたらと気になり始めます。書類の置き場が少し変わっても大した問題でもないのに、カリカリと怒ってみたり、社員が社内マニュアルから少し外れたことをするとイライラしてくるものです。

次第にそれはエスカレートして「(口に出さずとも)私の意図を予想して動いてくれよ」と超能力者かと思うような行動を相手に求めてしまうことさえあるかもしれません。

もう一度冷静に考えてみましょう。

「コントロールできない問題」に分類したあなたの悩みの内、本当に重要なことはどのくらいあるでしょうか？　もちろんその中には、重要な問題もいくつかあると思います。

しかし、残りのいくつかは、実はどうでもいいことだったり、あなたの感情的な問題だったりすることもあるのではないでしょうか。例えば、「親の自分に対する態度が気に入らない」とかですね。

逆に言えば、親のその態度を何とも思わないようになれば解決できる問題と言えるかもしれません。

そう考えていくと、悩み事リストに残ったものはだいぶ少なくなっているかもしれません。

とはいっても、リストを減らしたからと言って解決したことにはならないことは、重々承知しています。そこへのアプローチは、あることをやるだけで随分軽減するはずです。

だから今の時点では、とりあえず本当に重要と思える問題だけをリストに残しておいてください。

事務社員に一斉に退職届を突き付けられた私

会社を受け継いだ当時、父が会長に退き、私が社長という地位におりました。

社内外にはまだまだ父の権力が行き渡っており、私を「リーダー」と認める人はあまりいなかった時期です。取引先は私を飛び越えて会長に決裁を求めるし、会長は私に相談なく物事を決めていました。

当時、事務社員は常に残業の日々が続いており、私はそれが不思議でなりませんでした。残業するほどの業務量とは思えなかったからです。調査した結果、事務作業のうち、紙のファイルの整理に相当な時間を擁していることがわかりました。

本来はペーパーレスの方向へ向かいたかったのですが、業界の書類保管ルールなどもあり、それは叶いませんでした。しかし、それらのほとんどは見返す頻度の少ない書類ですから、整理せず、段ボール箱に放り込んで保管するようにルールづけたのです。書類整理にかける時間をすべてカットしたわけです。

しかし、数ヶ月後に見てみると、話し合って決めたはずの整理業務を復活させていたのです。理由を問い詰めると、数年に一度のあるかないかという頻度の顧客からの特殊な問い合わせに、即座に対応できないから、という理由でした。

タイミングの悪いことに、そういった業務の効率化を図ってすぐ、まさにその数年に一度の問い合わせがあったのです。その問い合わせに即答できなかったことで、会長が「なぜ即答できないのか?」と言ったことが、一度やめると決めた書類整理を再開させた理由だったそうです。

みんなで決めたこととはいえ、彼らは叱られたくはありません。会長も叱ったわけではないのかもしれませんが、いつも厳しい顔をしているだけに、少しきつく言われると、社員たちは思わずビクッと反応してしまうのかもしれません。私ではなく〝怖い会長〟に社員は従ったのです。

以来、事務社員は「忙しすぎる」と常に不満を漏らし、私は「不要な業務を辞めろ」という。私にしてみれば、「やめよう」と言った業務を復活させたのは彼らの判断です。こちらのいうことも聞かずに文句を言われても困ります。

そしてある朝、彼らに呼び出されました。

「お話があります」

その表情から、あまりいい話でないことはわかりました。個室で彼らの話を聞きました。彼らの主張は「給与を上げて欲しい」ということでした。正直、当時の同業他社の賃金と比べても、破格の高額の報酬を支払っている自負のあった私は、即座にこう回答しました。

「同じ性質の仕事している以上、これが限界です。給与を上げて欲しければ、もう一つ上のランクの仕事への転換を図ってください。私はあなたたちに、こういう仕事を求めています」と。

数日後、彼らは事務社員全員を引き連れて私の元にやってきました。彼らは各々辞表を手に持っていたのです。

保険の販売を生業にしていた父の会社は、事務が命です。商品の実体のない仕事ですから、申し込みに関する書類がすべてです。そしてそういった書類の扱いを間違えれば、即コンプライアンス問題になるという、非常にナーバスな職場です。そこに来て、経験者がすべてやめてしまうのはかなりの痛手です。

しかし私は、彼らを引き留めてもいいことはひとつもないと判断し、すべて受領しました。就業規則上は30日前には提出すべき退職届ですが、次の就職先の関係で勤務は1週間で終了としたい、と言います。私はそれを認め、ほとんど引き継ぎ期間もなく、彼らが会社を去ることを許可しました。


この〝事件〟について、私は当時、「降りかかる火の粉」という認識でした。ちょうど当時は、自分が中心になって会社を変えていこうとしていた矢先です。

一方で、父である会長は、それに表立った反発はしていなかったものの、行動は私の意向に沿ったものとは言いがたい状態でした。

私はこういった会長の行動にイラついていましたし、私の言動と会長の言動のギャップに対して社員は「いったいどちらに従えばいいというのか？」という思いはあったことでしょう。

また、辞めた理由を当社の社員は「報酬の少なさ」と言っていました。当初はそれを鵜呑みにしていましたが、だんだんとそれが問題の本質ではないような気がしてきました。

再就職先を聞きましたが、明らかに当社より低い報酬額での採用です。報酬の少なさが退職の理由というのが嘘であることは、火を見るより明らかです。

ある調査では、社員の退職理由は表向き、報酬への不満や、一身上の都合とされることが多い一方、本音は人間関係を理由にあげるケースが多いとされています。

考えてみれば、社員との人間関係などあまり意識したことのない私。自分のことで精いっぱいで、社員は交換可能な部品と、口では言わずとも、心の底では思っていたのかもしれません。


そんな反省を行い、自分の問題は自分の問題として認識をしたつもりです。

しかし、それに対して会長は、何の反省もなかったかのように見えたことに、少なからず憤りを感じました。

当時の社内で、事務ができるとすれば私しかいません。複数人で残業しながらやっていた事務を一人で引き受け、その代替要員を採用し、育てていくのは私です。

一方で、社員が辞めていった責任の一端は会長にもあると、当時の私は考えていたので、逆恨み的に会長に対する心理的な距離は遠くなるばかりでした。

つまり、自分は反省して更生した。しかし、問題は会長である、という認識を強く持つようになりました。降りかかる火の粉を払わなければならない。それは会長の行動を変えることでしか成しえない——そんな風に感じたことを記憶しています。

いろいろと手を尽くしてみて感じた最終結論

私は父である会長を変えようとしました。しかし、当時すでに70歳になろうかという父、そして今まで自分で経営してきたという自負や自信を持つ父を、私が変えることができるはずもありません。

残念ながら、私にはそのような超能力は備わっていないことを痛切に感じることになります。

後に学んだことですが、心理カウンセリングの世界ではこういう考え方があります。目の前の問題を、「自分の問題」と「相手の問題」に分けるという考え方です。

社員や親が自分の意にそぐわない行動を起こしたとします。

それは、私にとっては問題に見えますが、社員や親にとっては問題と認識していません。つまりこれは誰の問題かというと、「彼らの行動を不快に思う自分の問題」だということです。

もう少し具体的な例を挙げて説明してみます。

自分の隣にいる人が、貧乏ゆすりをしていたとしましょう。そのことに対して、誰も気にする人がいなければ、誰の問題でもありません。しかし、隣の人の貧乏ゆすりで自分までイライラするとなると、これは自分の問題です。なぜなら、不快に感じているのは〝自分〟だからです。

一方、同じシチュエーションで、貧乏ゆすりをしている隣人が、そもそもあなたに早くこの場を立ち去ってもらいたくて貧乏ゆすりをしていたとしましょう。

この場合はあなたではなく、その隣の人の問題です。なぜなら、不快に感じているのは隣人だからです。

事実はひとつでも、その事実に対するとらえ方は人それぞれです。問題視する人もいれば、気にならない人もいる。そして、問題視している人がいるとすれば、それはその人自身の問題。そして、問題は、問題を所有する人が解決すべきである、という考え方です。

これは、心理学者のトマス・ゴードン博士の主張で「問題所有の原則」といいます。

社員や親の振る舞いに不快を感じているのが後継者であったとすれば、その問題を所有しているのは後継者です。その問題を解決するのも後継者であるべき、ということになります。

では、この不快な感情をどうすればいいのでしょうか。

今までならきっと「相手を変える」という目的をもってコミュニケーションを図ろうとしてきたと思います。これは自分の問題を、相手を変えることで解決しようという考え方です。

しかし、ほとんどの場合、その方法は失敗します。相手は問題を持っていないから、変わる理由がないのです。簡単に相手を変えることができないのであれば、やり方を変える必要があります。


そこで相手を変えることを目的にするのではなく、まずは、自分の感情を相手に伝える、ということを行ってみます。

前出のトマス・ゴードン博士による『ゴードン博士の人間関係を良くする本』では、〝わたしメッセージ〟とよばれる手法による、以下のような三部構成のコミュニケーションを推奨しています。

1. 行動に対する非難がましくない表現
2. その行動がもたらす自分への具体的で目に見える影響
3. その負担についての自分の感情

貧乏ゆすりの例だと、こんな感じでしょうか。

コントロールできない他人を動かそうと「その貧乏ゆすりをやめてもらえませんか？」と言うと、「そちらが別のところに行けばいいじゃないですか」と売り言葉に買い言葉が返ってくる傾向があります。このように具体的な言葉にしなくとも、あまりいい感情を抱かないでしょう。しかし、

「隣で足をゆすられると椅子が揺れてしまいます。椅子が揺れるとちょっとノートをとることができなくて困るんです」

このような表現をとることで、貧乏ゆすりをやめてくれるかもしれないし、そうでないかもしれません。しかし、いきなり相手をムカッとさせて対立することなく、自分の気持ちを伝えやすくなります。

人は自分が非難されたと感じると、すかさず防御・反撃の体制をとるものです。

こういったコミュニケーションスキルは、一度読んだからと言って、すぐに使えるものではありません。しかし、めげずに練習していくと、まずは相手の気に入らない行動に反射的に怒鳴っ

たりすることは少しずつなくなってきます。これは、親子関係のみならず、実はリーダーとして、人を育てていくためにも、とても重要なスキルだと思っています。

親が自分のビジネスプランを否定したとしたら、こんな風に言ってみましょう。

「社長（親）が、私の意見を否定することで、私はそういったビジネスプランを試し、経験する機会を失ってしまいます。それはとても残念に感じられるのです」

こう言ったからといっても、親があなたに賛成してくれるとは言いません。

しかし、少なくとも、普段のコミュニケーションとの変化は、感じられるのではないかと思います。

基本的に、相手が親であれ、社員であれ、あなたの思い通り動かすことは不可能です。

とはいえ、自分の考えを押し込めて話さないのは、もっとも良くないことです。相手が動くか動かないかに関わらず、自分の考えを伝えるすべは持っておいたほうがいい、と私は考えています。

より難しいほうを選ぶ理由

他人を変えるのが難しいとわかっていて、なお相手を変えようとする。

具体的には、先代である親に要望や期待を持ってしまう。そういった期待を持つから、その期待を裏切られればがっかりしてしまう。なのに、人はなぜか他人が自分に都合良く変わってくれることに期待してしまいます。

これは「不動の龍」でも少しお話ししましたが、**「自分は正しくて、周囲の人間が間違いだ」という考えに基づいているともいえそうです。**

善悪、正誤といったものの見方をすれば、そこに対立が生まれます。その対立を解消するために一般的に思い起こすのは、「戦う」「逃げる」「服従する」の3つの行動パターンです。

「戦う」を選べば、当然、親や関係者との衝突が待っています。その名の通り戦争です。

「逃げる」を選ぶなら、親の会社を辞めるといった行動。

そして「服従する」を選ぶと、自分を殺し、ただ親や世間の意見の中に身を置き、自分の存在を消し去ってしまう。

どれを選んでも、後継者は心理的な安心を得ることは難しいでしょう。

遅かれ早かれ何かしらの不都合が出てきます。それでも、現状においては、それ以外の解決策が見えないというのが本音なのかもしれません。

実は、この「正しいか誤りか」という判断基準が、まさに物事をややこしくしている原因なのです。

私は若いころ、よく「お父さんのように立派な人になれ」と周囲の人に言われました。初めのころはそれなりに素直に受け入れられたのですが、だんだんとその言葉を聞くたびに、なぜだか気分を害するようになりました。

私の中では「お父さんは立派だ（お父さんは正しい）、お父さんのように立派になれ（今の君は充分じゃない）」、つまり「正しいのが父であり、私は未熟である」と言われているにも等しいことだと感じたからです。

もちろん、口にする人に他意はありません。激励してくれているだけなのでしょう。

これは、逆の場合ももちろんあります。後継者が「会社は今のままではダメだ」などと言ったりすると、親はきっとこう思うでしょう。「ワシがやってきたことが間違っているというのか？」と。後継者に親を責める意図はなかったとしても、親がこう受け取っている可能性はかなり高いと考えています。

人は自分が否定されると、その否定から自分を守ろうとします。そのひとつが相手に対する攻撃です。

そこに来て「話し合いをせよ」という第三者のアドバイスがあったりして、それを真に受けるとさらに火種は大きくなるわけです。説得もまた「私が正しくて、あなたが間違っている。だから私のいうことに従え」というメッセージです。


ここで多くの場合とられる方法が、相手を説き伏せるべく、より強力な武器を用意することです。相手を完膚なきまでに叩きのめせ、とばかりに核兵器を持ち出してくるのです。

その結果が、親を会社から追い出したり、後継者が会社を去ったり、というどちらかの存在を消し去るという状況です。

しかし私たちは、もう少し高度な解決方法を模索したいところです。

親を会社から追い出せば罪悪感が、自分が会社を去れば劣等感が追いかけてきます。結局は、目に見える問題は遠ざけることができても、心に傷を抱え続けてしまう危険があるのです。

敵対する者同士がお互いを尊重しながら歩み寄る方法。そのはじめの一歩は、**武装解除**からではないでしょうか？

人の価値観を作るもの

争いは、お互いの持つ価値観の相違から起こります。そして、相手の価値観を変えることは難しい。

しかし、それがまったく不可能というわけではありません。その人が持つ「価値観＝常識」と言い換えることができると思います。

その〝常識〟はどこからやってくるのでしょう？

それは、その人の体験、その人が触れ続けている情報です。もう少し言うなら、その人が所属するコミュニティにおける、大多数の意見です。

純粋な日本人カップルが子どもを産んで、アメリカで育てたとします。この子どもは、日本的な価値観を持って育つでしょうか？　それとも、アメリカ的な価値観を持って育つでしょうか？

両親の子どもへの関わり方で、結果は変化するでしょうが、私はアメリカ的価値観を持って育つ可能性が高いと感じています。

触れ続けている情報というのは、小さいころに遡れば親からのしつけ、学校での教育、友人の言葉、職場での会話や知識などによる情報などです。

体験とは、社会での経験や見知った情報を活用して行動した結果感じ取ったものなど。こういったものが積み重なってその人の価値観が形成されていくのですが、これが変化するのはそのコミュニティが変わったときです。

経営コンサルタントの大前研一さんの有名な言葉に「私が昔から使っている（自己変革のための）簡単な方法が3つある。時間配分を変えること。住む場所を変えること。そして付き合う人を変えることである。」があります。

実はこれは、すべてが先ほどの〝価値観〟のでき方に関連しています。

時間配分を変えることも、住む場所を変えることも、付き合う人を変えることも、自分に入力する情報を変えます。五感で触れる情報を変えれば、人は変わると言っているものだと私は解しています。

国民性という言葉がありますが、これもまた国というコミュニティが作り出す常識や価値観に裏打ちされたものではないかと思います。

純粋な日本人でも、アメリカで育てばアメリカ的価値観を持った子どもになるでしょうし、その逆もしかり。私たちは、目に見えないコミュニティが創る〝場〟にかなり影響を受けるのではないかと思うのです。

この〝場〟を創り出すことができれば、人を変えることさえも、可能になってしまうのです。

第7章

後継者が初めにやるべきこと

後継者が社内を掌握するための3つのステップ

なかなか思い通りに動かない親や会社。後継者としては、このハンドルを自分の手に収める必要があります。対立する価値観があり、そこに様々な利害関係者が参戦し、会社の中はやたらとややこしい、人のしがらみが絡み合っています。

そこに、目指すべき方向性への前進、会社の変革と言った大きな圧力をかけざるを得ない状況で、後継者は何が何だかわからなくなってしまっているかもしれません。

これらすべてを解決していこうというのも、考えとしては正しいように見えます。

しかし、あれもこれもと欲張って手を出しても、どれもうまくいかないのがよく見られるパターンです。

そもそも私自身は、器用な人間ではありません。だから、たくさんのことを一度に考えることができない。ならば、ということで考え至ったのが、ある一点に力を集中させることでした。

「会社は人でできている」ということに着目した方法です。

組織が人でできているというのは、当たり前と言えば当たり前の話です。しかし、管理職のような立場の人間はこのことを忘れがちです。

何かをやろうとする前に、最低限の「人の掌握」が必要です。やり方は決して難解なものではありません。多少の我慢は必要になりますが、そのことがもたらす恩恵は計り知れないものがあります。

その一歩は、後継者自身に安全な場所を提供してくれます。安全な場所は心のゆとりを提供し、多くの状況が改善されます。

会社は「人」でできている

会社とは、いったい何でしょう？

父の興した会社「サンクリエイト株式会社」は事務所や社有車、パソコンや各種設備を所有しています。しかしそれは、サンクリエイトそのものではありません。登記もしていますが、それも会社そのものではなく、会社が存在する証でしかありません。

サンクリエイトには、役員として私以下数名の人間がいますし、雇用契約を結ぶ社員もいますが、彼らもまたサンクリエイトそのものではありません。

では、サンクリエイトという会社はいったい何なのでしょうか？

この問いに、歴史学者のユヴァル・ノア・ハラリは、著書『サピエンス全史』で興味深い表現をしています。

会社とは「宗教のようなもの」と言い切ります。所定の目的のために人が集う場だからです。父は何らかの目的を持ってサンクリエイト株式会社を設立し、活動を始め、その会社の目的に沿った活動をすべく人を集めたわけです。


つまり、会社そのものはこの世に存在するようでいて、存在していないのです。

そこにある目的や信条こそが会社の実態を表すパーツと言えそうです。そして、具体的にその活動を行うのが、会社の目的のために働くと宣言した社員たちです。

こういった見方をすると、実は会社とは、組織そのものを指すと考えても過言ではないと思うのです。


さて、前章では人を変えるには「場」を変えよ、と言いました。

ここでいう「場」とは、まさしく会社です。そして、会社は所定の目的を持って集う人によって構成される。
ということは、その目的を変更すれば、人は変わり、舞台も変わる、と考えられます。私たちを取り巻く環境を変えてしまえ、ということです。
その環境を作るのは人です。後継者が初めにやるべきこと。それは社員をまとめることなのです。

ある企業の後継者におけるビフォー・アフターをご紹介します。

親の創業した製造業に勤める後継者は、現在、常務取締役という立場で製造部門を任されています。彼は製造効率を上げるため、工場長と相談しながら作業工程の見直しに取り組みました。幸いにして工場長は後継者に協力的で、工員たちもそのプロジェクトには反対する者はいませんでした。試行錯誤の結果、作業効率は体感できるほどに良くなったと言います。

しかし、数日の出張を終えて帰ってきた後継者は、工場に立ち寄って愕然とします。あれほど注意深く工程の見直しを行ったのに、すっかり元の通りの非効率な作業を行っていました。

「なぜ、作業工程を元に戻したのか？」

後継者は工場長を問い詰めました。工場長はうつむきがちにこう言います。

「常務が留守中に、社長がお越しになって、元に戻せ、と」。

「社長には逆らえません」とつぶやいた工場長をこれ以上責める気にもなれず、その足で後継者は社長のところに抗議しに行きました。

後継者に対して、社長は具体的な理由は説明することはありませんでした。後継者としては振り上げたこぶしを下す場所もなく、自分の仕事をムダにされた悔しさに歯噛みし、眠れぬ夜を過ごしたと言います。

このことがあってから、後継者はずいぶんと思い悩んだようですが、あるとき、ふっと肩の力が抜けたと言います。

数か月後、またもや似たような〝事件〟が発生しました。しかしそのとき、後継者である常務は、その事件を知り、こう反応していました。工場長に苦笑いを向け「しょうがないなぁ、オヤジは」と困り顔をしたものの、さしたる怒りは感じなかったといいます。

同じような出来事に対する後継者のこの反応の変化は、なぜ起こったのでしょうか。

後継者は何に腹を立てているのか？

後継者の反応の変化は、一見、ほんの些細なことでした。

口惜しさに打ちひしがれた初めの事件は現場を見て初めて社長（親）からの介入に気づいたのですが、数か月後の事件は工場長からの事前の連絡があったからでした。

しかし、それだけならそこまで余裕を見せることはできなかったことでしょう。本当の理由は、工場長の言葉にありました。「常務と一緒に考えてきたプランなのに、社長は違う形でやれというんですよ」と工場長は言ったそうです。

この言葉の中には、工場長の心情としては、社長よりも常務である後継者を信頼しているニュアンスがとれます。端的な言い方をすれば、工場長は後継者である常務の味方である、という印象が見てとれます。この言葉で、後継者はフッと肩の力が抜けたと言います。

この件に限らず、後継者が積み上げてきたことを、親である社長が一瞬で「なかったこと」にしてしまうケースはよくあります。あたかも自分が砂浜に一生懸命に作った砂の城を、波がさらっていくかのようなはかないシーンを後継者はよく目の当たりにします。

私たちは、積み上げてきたつもりのものが崩されると確かに怒りを感じます。それは、自分自身がないがしろにされた、と感じるからです。

もちろん、頭では親の行動はそういう意味ではないことはわかっています。しかし、心の部分では、それでは納得がいかないのです。

この事例の後半のお話は、工場長が後継者の努力を認めているようなニュアンスがあります。後継者にとっては、自分を認めてくれる人がいる、自分を尊重している人がいる、ということをわかっていることが、余裕を持ってこの〝事件〟に対処できる理由だったのです。

最終的にこの事例では、後継者と工場長の間でできる限りの知恵を絞り、社長にダメ出しをされない形で、一定程度の効果を上げる方法を考え出しました。

まさに「雨降って地固まる」で、後継者と工場長の信頼関係は非常に強いものとなったと聞いています。

後継者が親との間に遭遇する〝事件〟は、これだけにとどまらず様々なものがあります。私自身、これをもぐら叩きのように、起こっては対処し、起こっては対処し、まさに孤軍奮闘していた時期がありました。

そんなことを続けていくと、怒りの発火温度は徐々に低くなってきます。だんだんと、どうでもいい親の小さな振る舞いさえも気になって仕方がなくなっていた時期がありました。

自分の考えたとおり親が動かなければ、それだけでキレていたと言えるかもしれません。親のことを管理しないと気が済まないのに、親はその通りに動かない。そうやって一人でイライラを募らせていたような気がします。

多少の考えの違いをある程度まで寛容にスルーするには、自分の安全を確保することがひとつのカギになります。それはまさに、**自分が周囲の人間に受け入れられている、と感じられる状態を作ることがはじめの一歩**と言えます。

ジョン・F・ケネディが活用したスキル

後継者が「5つの顔を持つ龍」に対処しようとするとき、たった一人で薄氷の上で戦うこととと、安定して仲間の援護が期待できる場所で戦うこと、果たしてどちらが有利かというと、言うまでもなく後者です。

その〝場所〟とは、心の状態を表します。

私の事例で説明します。私はもともと人前で話すことがあまり得意ではありません。恥ずかしい話ですが、自分の結婚式で「新郎の言葉」を話すのもガチガチになって、まともに話すことができず、うつむくばかりでした。

そんな私が、1000名もの聴衆を前にして話しても、まったく臆することなく自分の想いを残らず話すことができたことがありました。その講演を終えたとき、自分を出し切ったのだから、もう周囲の評価なんてどうでもいい、と思いました。

1000名の参加者ですから、その中に含まれる知人・友人はごく僅かです。ほぼアウェイの状態で私が自分らしくいられたのは、ある光景を目にしたからでした。

それは、友人数名が最前列に陣取り、私のほうをしっかり見つめ、話をするたびにうなずいてくれる姿でした。それまで心臓は激しく暴れ、足は膝から下の感覚もなく、震える手は冷たくなっていたのですが、彼らを見つけて「自分の味方がいる」とわかった時点で、一気にリラックスした状態に入ることができました。

人は、誰かに認められているときに、受け入れられているときに、能力を発揮しやすいと言われています。

このときの私はまさにその状態だったのでしょう。結婚披露宴のときに、私は友人たちの様子を観察する余裕もなく、伏し目がちでいました。だから、受け入れられていたり、認められていたのかもしれないけど、私がそれを知る手段がなかったのです。

しかし、講演のときにはまさに視界の正面に彼らがいたのです。当然、私は自分の主観として、彼らに認められ、受け入れられていることを感じ取ることができました。

後継者が社内に安全な場を作るヒントは、思った以上に簡単なことです。

自分のことを社員たちから受け入れられている、認められている、と感じる状態を作ればいいのです。

ところで、カリスマ性というと、人が生来持つものと考えがちです。

しかし、それを自分で手に入れることができるという主張をする人がいます。リーダーシップの専門家、オリビア・フォックス・カバン氏です。彼は著書『カリスマは誰でもなれる』の中で、影響力を発揮する方法として、あることを推奨しています。

学術的にも実践的にも正しいと信じられるある方法——それは「相手の話を聴く」というごくシンプルな方法です。

『カリスマは誰でもなれる』から少し引用してみます。


部下のスキルをなんでも伸ばせる魔法の杖があったら、最初に改善させたいスキルは何かと訊くと、私のクライアントのCEOは大半が、「話を聞くスキル」と答える。

話を聞くスキルは、部下に限らずカリスマにとっても不可欠であり、カリスマの達人の多くはこのスキルが極めて高い。優れた聞き手になれば、何も言わずに聞いているだけで、相手は自分が理解されていると感じる。相手の話にじっと耳を傾けるだけで、強い印象を相手の心に刻み込む。

プレゼンスを伝える3つのカギは、注意深く話を聞くこと、相手の話を遮らないこと、意識的に間を置くことだ。中でも話を聞くことはプレゼンスの基礎であり、プレゼンスはカリスマの基礎となる。

ジョン・F・ケネディは「最高の聴き上手」として知られ、相手は彼が全身全霊で自分に寄り添っていてくれていると感じた。聴き上手だからこそ、相手が誰であれ、その感情に最大限の関心を払い、心の奥深くで信頼関係を築くことができた。

つまり、自分が認められたければ、まずは相手の話を聞くことが重要なのです。

そして、自分が受け入れられるためには、相手を受け入れることが重要なのです。それを実践したジョン・F・ケネディは、世界最年少で大統領選挙を勝ち抜いた人として歴史に刻まれました。

話を聴くこと以上に大切なこととは？

ただ、ひとつ注意をしておいてもらいたいことがあります。

相手の話を聴いていること以上に、相手の話を聴いていると相手にわかってもらうことが重要なのです。

私の講演の際、最前列の友人は私を見て頷いてくれました。これがきっかけで、私は彼らに、いえ、この〝場〟に受け入れられていると感じられたのです。

PCを見ながらでも聞いているほうは、「耳はちゃんと傾けている」というかもしれませんが、話しているほうはそれがわかりません。話を聞く際のコツとしては、こんなものがあります。

・きちんと身体全体を相手のほうに向けて（顔だけではダメ）
・相手の眼を見て
・相手と同じ姿勢で（座っているとか、立っているとか）
・動きをしっかり止めて
・聞いているよ、というシグナルを出しながら（うなずきや促し）

この姿勢で相手の話を聞いてみてください。

可能であれば、不自然にならない程度に相手の言葉をオウム返しします。

たとえば、

「さっきはお客さまがずいぶんと急いでらっしゃったので大変でした」と社員が言えば、「大変だったんだね」という具合です。

すると、きっと社員は「そうそう、そうなんです」とうなずく可能性が高い。そうなればとてもいい状況です。

前出の心理学者のトマス・ゴードン博士は『ゴードン博士の人間関係を良くする本』の中で、「人の話を聞く」というフェーズにおいて、相手に対して以下の12の反応がコミュニケーションを阻害する可能性がある、と指摘しています。

①命令・指示（相手を強制する）
②脅迫・注意（それをすればどんな結果になるか言う）
③説教・訓戒（何をすべきかすべきでないか言う）
④提案・忠告（助言、忠告、提案する）
⑤講義・論理の展開（理詰めで迫る）
⑥批判・非難（相手に否定的な評価をする）

⑦賞賛・同意（肯定的な評価をしたり、賛成する）
⑧悪口・屈辱（辱める）
⑨分析・解釈（動機は何かを解釈したり、原因を分析したりする）
⑩同情・激励（今の気持ちから抜け出させようとする）
⑪質問・尋問（原因、理由を見つけようとする）
⑫ごまかす・注意をそらす（相手を悩みからそらそうとする）

これを見ると、何もできないじゃないか……と頭を抱えてしまいそうです。

そうなのです。聴くときには徹底的に聴くことに徹することが重要なのです。

この12の反応を避けるには、大変な我慢が必要です。私自身、つい余計なことを口にしがちです。しかし、聴くフェーズにおいては、ぜひ念頭に置いて気を付けるよう意識してみてください。

どうしても受け入れられない話にどう対処するのか？

相手の話を聞いていると、どうしても受け入れられない話が出てくると思います。

例えば、社員はこう言ったとしましょう。

「どう見ても営業のAさんはひどい。いつも私が退社準備を始めたら私を引き留め、面倒な仕事を押し付けてくるんです。Aさんはそれまでは暇そうにしているのに、なぜ私の退社時間を狙ってこんな仕事を言いつけてくるのか」

これを聞いた後継者が、例えばそれは顧客の事情があってどうしようもないことだと考えていたとしましょう。すると、つい「いやいや、実はね……」と説得を始めたり、「それはつらいよね」と同情したり、どうしても先の「12のコミュニケーションを阻害する反応」をしてしまいがちです。後継者としても、会社の中での調和を保ちたいという思いがあるので、ついつい解決に乗り出そうとしがちです。

しかし、ここはまずは「聴くフェーズ」と割り切るのです。まずは、とにかく相手の主張を聞き、「○○さんは、Aさんが自分の退社時間に仕事を言いつけてきて嫌だと思っているんだね」と返してあげればOKです。同意しているように見えますが、相手の心情を言葉にして表現しているだけなのです。

一般的には、そういった促しをすることで、話している本人が自己完結に向かっていくことは意外とあります。先述の例でいえば「Aさんにも都合があると思うので、わがままを言っていることはわかるんですけど」とか「もしかしたらAさんは、そうしなければならない理由があるのかも」とか、徐々に態度を軟化させてくる可能性は高いでしょう。

これはまさに、今まで自分だけが不幸の主人公という認識だったものが、人が自分の考えを受け入れてくれたことで余裕ができてくるからです。

そして、後継者もまた同じ立場にいます。「自分だけが…」という思いを持ちがちな環境の中で、自分の話に一生懸命耳を傾けてくれる人が必要だということです。

ここで疑問となるのが、「本来は、自分が話を聴いてもらいたいのに、なぜ自分が人の話を聴く必要があるのか?」ということですね。その部分については、このあとで説明しますが、簡単に言うとこうです。

「返報性の原理」という言葉を聞いたことはないでしょうか?

人は何かしらの施しを受けたとき、そのお返しをしたいと感じる心の原理です。

つまり、あなたが社員の話を聴く(つまり社員のことを受け入れる)ことで、社員もまたあなたを受け入れよう、という思いが芽生えます。

そして受け入れられたという感覚は、後継者の心に余裕を生み出します。心に余裕があれば、今までは些細な親や社員の行動が気になっていたのに、まったく気にならなくなるのです。これは、その心境の変化を経験した私が保証します。

少し回りくどく感じるかもしれませんが、まずは社員一人ひとりの話に耳を傾けてください。社員の人間そのものを受け入れてください。そうすることで、あなたが受け入れられるようになります。そしてそれは心の余裕をもたらし、社内で起こる様々な問題に、ゆとりをもって対応できるようになります。

なぜ話を聞いてあげるとあなたへの信頼が生まれるのか？

先ほど簡単に説明をした「返報性の法則」について、もう少し掘り下げてみます。

これをとても簡単に証明する方法があります。ＳＮＳを活用する方法です。あなたがもしも、Facebook などのＳＮＳを利用されているのなら、これから言うことを試してみてください。

日頃あまりコメントを入れない友人10人ほどにコメントを入れてください。内容は批判やその方の投稿と無関係なスパムコメントとみなされるようなもの以外であれば、どんなものでも結構です。

待つこと数時間。恐らくその10人がまったくFacebookから遠ざかっている人か、毎日「いいね！」を１００個単位でもらっているような有名人でない限り、あなたの記事へのコメント、もしくは「いいいね！」が付くはずです。全員とはいかないまでも、かなりの割合になるはずです。

逆に、それで反応を起こさない人は、そっと友達解除しても永遠に気づかれることはないでしょう。

少し別の角度から見てみましょう。

ある書籍に紹介されていた面白い統計があります。

ソーシャルネットワークのコンテンツ分析をしているニュースウィップ社は、フェイスブックで最も人気のあったストーリーを毎年発表している。以下が2014年のトップ10である。

①彼はホロコーストのさなかに、669人の子どもたちの命を救った……しかし彼はその人たちがすぐそばに座っていることを知らない――LifeBuzz

②あなたはどの動物？――Quizony

③あなたはどのくらい注意深いか？――PlayBuzz

④あなたの本当の年齢を当てましょうか？――Bitecharge

⑤あなたは、本当はどの州に属しているか？――Buzzfeed

⑥あなたのオーラは何色？――Quiz Social

⑦あなたの心は何歳？――Bitecharge

⑧あなたは行動は何歳？――Bitecharge

⑨あなたはどんな女か？――Survley

⑩あなたは前世でどんな死に方をしたか？――Playbuzz

『ヒットの設計図ーポケモンGOからトランプ現象まで』デレク・トンプソン

このランキングをみて、何か気づくことはないでしょうか？　2位以下はすべて「あなた」のことを探るタイトルです。ここでいう「あなた」とは、その記事を見るその人そのもの。つまり、自分ということです。

ここから考えられるのは、「人が最も関心を示すのは自分のこと」ということです。そして多くの人は、この診断結果をＳＮＳでシェアします。「私はこういう人ですよ。みんな見てね」と言わんばかりに。そういったＳＮＳの投稿に「いいね！」やコメントが付くのをスマホの画面から見ていると、ちょっとした優越感を感じるのです。

自分を知ってもらうことは、その人にとってとても大事なものであることは間違いなさそうです。そして、相手が自分を知ってくれていることは、とても安心感を感じるのです。

人間関係においても、同じようなことが言えます。

私たちは、これまでの人生でどれだけ自分の話を真剣に聞いてもらえたでしょうか？　子どものころ、忙しい親は何かの作業をしながら、私たちの話を聞いたかもしれません。友人たちは、我先に自分の考えを伝えようと、たびたび話の腰を折られたかもしれません。

大人になっても、顧客と、同僚と、上司と交わす会話は、本人が納得いくまで話しつくす機会はほとんどないのではないでしょうか。

結婚してからも、パートナーとしっかり視線を合わせて話をする機会は徐々に減ってくるのではないでしょうか。愛が醒めるという表現がよく使われますが、それは実は相手への関心が醒めるということとイコールではないでしょうか。

相思相愛であるためには、相手に関心を持ち、相手の話をしっかり聞くことが何よりも重要なのです。それは、社内の関係や同性との関係においても同様です。

それだけ人に話を聞いてもらえないことが多いのですから、数少ない「自分のことをしっかり聞いてくれ、わかってくれるあなた」は、まさに社員の中でも重要な人間の一人となるでしょう。

そして、自分の話をしっかり聞いてくれた相手には、同じように接しようと感じるものです。

信頼関係が基礎にあれば人も自分も変化する

「相手の話を聴く」というごくシンプルなスキルを磨けば、あなたは社内での存在感を増すことになります。ここで初めて、社員を初めとする周囲の人間は、あなたの話に耳を傾ける姿勢ができ始めるのです。

頑なに「相手を変えよう」とすればするほど、相手の姿勢は硬化する。さらに強い力で相手を変えようと、ルールや罰則で縛り、力づくで動かそうとする。さらに相手の態度は固く動かなくなる。

まさにイソップ童話の「北風と太陽」に出てくる北風のようです。

北風のように、強引に動かそうとして動かないなら、太陽のように動きたくなるように仕向ければいいのです。相手の心を直接操作することはできませんが、相手が心を動かすきっかけを与えることは可能です。

私自身、親と厳しい衝突を続け、そのあおりで社員が一気に退職届を出してきたのがきっかけで、ずいぶんと心境の変化が訪れました。うまくいかないことを感じるときは、やり方を変えるタイミングだ、と気づいたのです。

そこでまず社員とのコミュニケーションに気を付けました。できるだけ話を聴く時間をとりました。それから数か月。ある社内会議の席上、当時、最も若い社員がこう言いました。

「社長（私のこと）を、今のまま実務に縛り付けていてはいけないと思います」

会社がこれから新たな展開を行うべきときに、ルーチンな仕事で私を煩わせていてはいけない、と自発的に発言してくれたのです。

また違ったシーンでも、変化を感じ始めました。

父が私の考えと違うことを社員に指示することがあっても、事前に私に報告に来るようになったのです。「社長、会長がこんなことを仰ってますけど、そのまま進めてもいいのでしょうか？」と。

社員が私の考えを理解しており、その考えと違うことが起こったときに、必ず私に相談が来るようになりました。すると私も「そうしたほうがいいと会長が考えるなら、やってみればいいかも」と特に気にすることもなく、受け入れることができるようになったのです。

気持ちのゆとりがあるだけで、私は仕事のストレスレベルが8割近くは削減されたのではないかと思います。小さなことに目くじらを立てなくとも、私のことをわかってくれている、受け入れてくれている社員がいる、ということを実感できた瞬間でした。

ここまでくれば、かつては会社というのは居心地の悪い空間だったのが、だんだんと後継者にとっての居場所を感じられる空間になります。ここは自分が受け入れられる場所なんだ――そんな感覚を得られる場所になってくるはずです。

しかし、忘れてはいけない存在がいます。そう、親の存在です。

もともと社内では大きな権威と権力を持っていた存在ですから、後継者が社内を掌握し始めると、親は心中穏やかではないものがあるはずです。

もし、親の意向を聴けるほどにあなたに心の余裕ができたなら、そろそろ親の意向を〝聴く〟ということを試してもいいかもしれません。

親とのコミュニケーションにまだまだ大いなるストレスを感じるとすれば、まずは親を受け入れるよう意識するだけでも構いません。少なくとも、ここまでくれば、多少親が自分と違うことを社内で言ったりやり始めても、以前よりかは受容できるはずです。

社員は以前とくらべて、後継者であるあなたのことをわかり始めている状態ですから、社員との信頼関係を作る前とはあなたが感じる安心度は格段に高まっているはずです。

しかし、できることなら、親も同じ方向を見て歩いてもらえるならそんな素晴らしいことはありません。自分が見ている世界を、親にも共有してもらいたい。そういう思いは少なからずあるでしょう。

それでも、この段階に来ても親を説得しようとすれば、たいていはうまくいかないことが多いと思います。これまで話をしてきたとおり、それは親が間違っている、という状況を創り出してしまうからです。

重要なのは「親が自発的にあなたと同じ考えを持つ」方向にいざなうということです。

34　万人を動かした、ある一言

世の中には様々な常識があります。

「常識」とは、所属するコミュニティが考える多数意見であるとは、すでにお話をしました。

そして、親や後継者にとって、重要なコミュニティのひとつが会社です。

社内は今までは、親が作り上げた「常識」が支配していました。朝礼のやり方、上司と部下の関係、仕事の進め方から、会議のやり方まで。

別の会社を見なければわからないのですが、たいていの会社の中には独特の文化やルールがあるものです。

逆に言えば、この文化を変えると中にいる構成員の持つ「常識」も変化します。

後継者は、この「常識」を変える働きかけを行う必要があります。


組織の文化を作るのは、人です。前のステップであなたは人の信頼を得ているはずです。会社というコミュニティの中にある常識を変化させることで、あなたの会社だけでなく、その構成員の一人である親の常識さえも変化させることが可能と考えるのは決しておかしな考え方ではないはずです。


あるとき、私の会社の会長（父）が、社外の人と話しているのを見て驚いたことがあります。私が社内で話していることをそのまんま、社外の人に話しているのです。当人は自分で考えて話している、と思い込んでいるようですが、出所は私です。

私たちは、無意識の部分で様々な環境に影響を受けています。自分に向けられたメッセージを直接的に受けた場合、それを受け入れるか受け入れないかは自分で判断することができます。

しかし、無意識な状態で入ってくる様々なメッセージは、何のフィルターを通すことなくスッと受け入れられることがあります。例えば社内で交わされる社員同士の会話もその一つです。自分に向けられていない場合は、なんとなく聞き流しているようでいて脳に刻み込まれているのです。こういった環境をデザインすることが、実は人を変化させるコツです。

自分の周囲の環境が人の行動を変化させた事例として、Facebookで試された次のような実験が石角友愛氏の著書『いまこそ知りたいAIビジネス』に紹介されています。

アマゾンの元・チーフサイエンティストは、Facebook上にこんな広告を出したそうです。「今日は投票日だから、投票に行こう」と。そしてこの広告をふたつのパターンで出しました。

Aパターン：「あなたの友達の中で、すでに誰と誰が投票した」と加えた場合

Bパターン：Aパターンのメッセージを出さなかった場合

Aパターンのメッセージを見せられたグループの人は、Bパターンに比べ＋34万人もの人が投票に行ったと言われているそうです。

周囲の人の行動が、自分の行動に影響を及ぼしたわかりやすい事例だと思います。

また時折、信じられないようなことが起こります。

２００３年2月18日、韓国・大邱市の中央路駅で地下鉄への放火事件が起こりました。火災感知機が作動し、構内は停電。様々な不幸が重なり、最終的に死者２００名を数える大惨事となった事故です。後にこの事故に関してある写真が公開され、大きな衝撃を世界に与えました。

その写真は、事件当時の地下鉄車内の様子です。車内には煙が充満し、ハンカチで口を押える人、咳込む人、不安げにあたりを見回す人などが写されています。しかし、彼らは誰一人席を立とうともせず、逃げようともしないのです。

これは「正常性バイアス（自分は大丈夫という思い込み）」「多数派（集団）同調バイアス（周囲の人に合わせようとする心理状態）」が原因ではないかと言われています。

自分の命に関わるようなシチュエーションであっても、人は周囲の人たちの行動を見ながら自分の行動を決定するようです。

このことからも、環境を変えることに成功できれば、その中にいる人はかなり高い確率で変化を起こすでしょう。そして、人が集まる集団こそが環境です。

これを作り上げることはすなわち、社内をチームとしてまとめ上げるということと同じ意味があるのです。

第8章

人が変化する環境のつくり方

掃除に力を入れる会社の真意

掃除や朝礼に力を入れる会社の話を聞いたことがある人も多いと思います。確かに職場が綺麗で整理整頓されていれば気持ちいいものです。効率も上がるでしょうし、ミスや思いがけない労働災害も防ぐことができます。

しかし、本当の理由は他の部分にあります。社員の育成です。

社員育成というと、業務知識やスキルの習得をイメージするかもしれません。しかし、これらの会社が目的としているのは、人間教育と言ったほうが理解しやすいと思います。

徹底的に掃除を行うことで、何事も徹底的に行うことを〝常識〟と認識させます。また、チリひとつ落ちていない職場を〝常識〟と認識させます。そうやって会社という中のコミュニティの〝常識〟を意図的に作り上げているのです。

〝常識〟とは、コミュニティの多数意見である――私はたびたび申し上げてきました。

こういった企業では、掃除という行為を通じて多数意見を創り出しているわけです。『上司のすごいしかけ』などの著書を持つ白潟敏朗氏は「コキャスタ（顧客からスタートしよう）」などの造語を社内で流行らせることで文化を創り出すことを推奨されています。これもまた会社という組織の中の〝常識〟を意図的に形作る手段のひとつです。

こういったことは、一度や二度話しただけでは定着しません。繰り返し、聞いたり行動したりすることで、人の中に刷り込まれていきます。

その工夫が、毎日の掃除だったり、こういった標語を使って常に社員にあるべき姿を想起させ、刷り込む工夫がなされています。

よく、会社が変わるときには、一定数の社員が辞めるという話があります。

それは周囲の人間が変わり、その人が置かれる環境が変わったからです。その人は変わり切れなかったり、新たな社風に馴染めなくなったとき、自らその場を立ち去る決断をします。

これは、今までの後継者が馴染めなかった組織が、後継者のカラーに染まりつつあるシグナルと言えるかもしれません。

これまでは親の方針に会社全体が合わせてきました。これからは、会社全体でひとつの方針を創り出し、日常的な会話の中にその方針を盛り込むことで、親もその会社全体の一部を成すようになる環境設計を行うわけです。

こういうと難しく感じられるかもしれませんが、やるべきことはさほど難しいことではありません。

その具体的な方法について、見ていきましょう。

環境設計のためのステップその1：社員との絆づくりをする

社員との絆づくりのポイントはふたつあります。

ひとつ目は、社員の話を「聴く」という前章でお話しした内容と重なる内容です。もうひとつは、自分の弱みをさらけ出す、ということです。

「聴く」について少し補足しておきましょう。

「社員とはコミュニケーションを取っているよ」という後継者はよくいます。

では、そのコミュニケーションの深さはどの程度でしょうか？

日頃の会話の99％が仕事の内容であるとき、果たして社員との絆はでき上がるものでしょうか？

会社は仕事をする場所です。だから無駄話は必要ないと考える人もいるでしょう。しかし、人は人を判断するとき、仕事上のスキルだけで評価するでしょうか？

仕事ができるけど、この人は何を考えているかわからない。ビジネス上の知識はたくさん持っているけど、人として信用できない。そういう人間とともに働くには、不安が伴います。

人が人を評価するとき、そのビジネス上の能力だけで評価するというのは不可能です。それが同じ社内の人間ならなおさらです。

ですから、お互いの人間性を知る必要があるわけです。

そのときに大事なのは、他愛のない雑談です。子どものころのこと、家族のこと、趣味のこと、週末に何をしてるか、そんな他愛のない話の中に、その人の価値観が現れます。

とはいえ、社内で雑談が交わされる文化のない会社も多いと思います。しかし実際は、仕事上の意味ある情報のみならず、お互いを知るための会話が仕事の効率を上げるということも言われています。

そのきっかけとなり、チームワークを醸成するのに役立つ簡単なワークをご紹介したいと思います。

「Good&New」

このワークはもともと校内暴力で校内が荒れ放題だった高校の生徒を変えることを目的として、ピーター・クライン博士が考案しました。

実際に導入してみると生徒の様子がみるみる変わり、すっかり校内の風紀が取り戻されたと言います。これを、経営コンサルタントの神田昌典氏が日本に紹介し、かなりの企業やセミナーでワークとして定着しています。

このワークの狙いは、メンバーが自分の経験のうち、良かったことに目を向けることです。メンバー全員をポジティブ思考に変える効果があると言われており、私の会社でも10年以上、毎朝続けています。

実際にやってみて感じるのは、個々人がポジティブ思考に変わるということだけにとどまりません。「毎朝一人ひとりが均等に発言の機会を与えられる」「全員がそれぞれの発言を拍手で承認する」などチームづくりに有効な方法が詰まっています。

コストも使う時間も最小限ですので、ぜひ習慣にしてみてください。

【やり方】

準備するものはクッシュボールと呼ばれる、ゴムでできたウニのようなボール（Amazonなどで１０００円～で買えるものです）。

①朝礼の始まりに5人～10人程度で円になって立ちます。一人がこのボールを持ちながら「過去24時間以内にあった良かったこと、もしくは新しい経験」について1分程度でスピーチします（内容は仕事上でも、プライベートでもＯＫ）。

②一人のスピーチが終われば全員の拍手で承認します。

③スピーチした人は次の人の名前を呼び、その人に向けてボールを軽く投げます。

④ボールを受け取った人は同様に1分程度のスピーチを行います。あとの流れは同じです。

注意事項としては「良かったこと」が思い浮かばず、「今後こうしていきたいと思います」といった決意表明だったり「もう少しこうすべきだと思った」という反省会モードになりがちなこと。慣れるまでは「起こった事実のうち、良いと思ったこと」を話すように強調したほうがいいでしょう。「良いこと」と自分が感じたというのであれば、多少こじつけっぽくてもＯＫです。

近年、組織マネジメントの研究の中で、組織における「心理的安全性」の重要度が叫ばれています。組織内の心理的安全性を高めるコツの1つが、誰もが均等に発言の機会を得られるというものです。このワークは、朝礼のわずかな時間ではありますが、誰しも発言の機会を得、それを全員の拍手で承認する、というステップが心理的安全性を高める事にも貢献します。

日々のメンバーの発言の変化に着目してみてください。確実に変化を感じることができるワークの1つと言えます。

環境設計のためのステップその2：考えを繰り返し社員に伝える

あなたは社内で、会社の未来についてどんな話をしているでしょう？

私の場合は親の家業が保険の販売店でした。そこで「世の中から保険という商品の必要性をなくそう」という価値観への変更を企図しました（その過程は後ほど述べます）。

その理由も併せて社内で共有しました。というのも、保険業界の中にいると、業界人である社員は、あたかも保険さえあれば安心、という誤解を抱きがちです。しかし、実際のところ保険ではできることもあれば、できないこともあります。どれだけお客さまがたくさんの保険に入っていただいていても守れないリスクがたくさんあるのです。

わかりやすい例でいえば、離婚です。一家の大黒柱が亡くなったとすれば、公的保障もあるし、生命保険もあります。しかし、離婚したときに金銭的な保障をしてくれる保険は、私の知る限り今のところはありません。

また、がんになればがん保険が支払われますが、治療のかいなく、治らないことだってあるわけです。そんなときに、「保険に入っていて良かったですね?」とはまともな感覚であれば、言えるはずがありません。

こういった例を挙げた上で、こんな話をしました。

「医者や薬屋は、自分たちの仕事を失わせることが使命です。彼らの失業は、世の中から病気がなくなったことを意味するからです。私たちもまた、病気や災害で困ることがないことで、保険という商品の必要性をなくすことが使命であるはずです。私たちのような小さな会社にできることはたかが知れてます。しかし、私たちの会社の最終的な目的は自分たちを失業させることに定めませんか?」

業界においてはある意味常識はずれな話ですが、意外と社員一人ひとりは納得感を持ったようです。

私は、多少形を変えながら、毎週会議のたびにこの話をしました。さすがにみんな耳タコ状態でうんざりした様子はありますが、それでも言い続けます。なぜなら、人は一度や二度聞いただけでは、記憶に残らないからです。

行動にも反映させようとするならば、さらに繰り返すことが必要になります。

以前、タレントの志村けんさんがこんなことを言っていました。

「ギャグは同じことを延々と続けなければだめだ。若い奴らは、お客さんが飽きる前に、自分たちが飽きてしまうから売れないんだ」

飽きっぽい私はこの言葉を心に刻み、なんども同じことを社内で話し続けています。

環境設計のためのステップその3：考えを短くして日常の会話に盛り込む

一方的に社員に語り掛けると、後継者の言いたいことは確かに理解できます。

しかし、それを自分の言葉で語るのはまだまだ難しいことが多いように思います。そこで、工夫として「物語を共有する」ということをお勧めします。ステップ2で示した「離婚」の話などもそのひとつです。

実際には、「3．11の東北大震災の時に保険が使えなかったある企業の話」であったり、「がんで子宮を取らざるを得なくなった独身女性の話」を共有しています。

このことで、保険が万能ではない（もちろん今のところ保険がまだまだ重要だという前提はありますが）ことを認識するとともに、そういった「困った事態」が起こらないために何ができるか？を、感情を動かすストーリーとして共有します。

この辺りのエピソードは、おそらく長く会社をやっていると尽きることはないと思います。たくさんあるはずですが、多くの場合「それはこの業界では普通のことだから」とあきらめていると、世間の常識との乖離に気付きにくいことはよくあります。

なんとなく違和感があるけど、なんとなくお客さまが不満に思っているだろうことだけど、業界の常識だったり、自分たちの扱う商品やサービスのスペックから考えてその不満を解消することは難しい、と感じるもののひとつやふたつはあるのではないでしょうか。

多くの場合、その業界常識を超えてそういった不満への解決策を提示するのは他業種だったりします。そのことに、業界内部からいち早く気づく視点は大事だと思います。


さて、世間的には当たり前だけど、業界的には非常識なストーリーを共有したときのメリットについて考えてみたいと思います。

記憶に残りやすいというのもありますが、例えば「あの子宮がんの女性の話のように……」というだけでその物語が想起され、自分たちが何をすべきかが頭の中に再現されます。

文字にすれば1行程度のボリュームで、その言葉を聞いた瞬間、あなたが何を言わんとしていたかを思い出すようなキーフレーズを社内に持つ。そして、それを日常的な会話の中で意識して使っていく。

そうすると次第に社員一人ひとりの中であなたの考えが消化され、自分なりの言葉で似たニュアンスの言葉を発し始めます。


社内でだけ通じる公用語を創り出すのも、ひとつの方法でしょう。

少し前でご紹介した白潟敏朗氏はそういった仕組みづくりの名手です。「コキャスタ」という言葉を創り出し、「今の行動はコキャスタになっているか?」などと使うことで、社内に一定の文化を定着させる仕掛けにされていますので、参考になるかもしれません。

私の場合これを始めて、2ヶ月程度である営業社員が外部の人に「私たちの会社の考え方は……」と私が話した内容そっくりの話をし始めるのを見て陰でにやりとしたものです。

このように、社内で交わされる会話が変化し始めると、先代を取り巻く環境そのものが変化していきます。これまでは、先代の発言＝会社の価値観だったと思います。そして、往々にしてその世代の経営者というのは、言動に一貫性がないことが多いと思います。

その場その場でいうことが変わる朝令暮改は、当たり前。そのような不安定な状態では、社員一人ひとりは自分として何かの価値観を信じるというより、その場その場の経営者の言動に合わせたほうがうまくいくことを学んでいます。逆に言うと、会社としての信条というものは空白状態で、ある意味フラットです。

後継者が打ち出す価値観が、社員が一人の人間として受け入れられるものであれば、後継者を信頼する人はぽつりぽつりと表れ始めます。そして、社員が後継者のやりたいことを理解していると、誰かがそれとは違う方向へ進み始めたとき、必ず後継者に伺いが立つようになります。

これは回り回って、後継者が組織をコントロールしている状況とは言えないでしょうか。

そして親は、社内全員が同じ言葉を話し出すと、当初は「あれ?」という違和感を覚えるかもしれません。しかし次第に、その考えに染まり始めます。あなたが面と向かって「こうするから、従ってください!」というと、反発心が出る親も、全体の空気が変わると比較的素直に流されていくことが少なからずあります。

さすがにある日突然そうなるとは言えませんが、後継者が社員と一体になり、目指すべき方向がはっきりしていれば、だんだんと染まってきます。回りくどく見えるかもしれませんが、恐らく、直接「説得」するよりスムーズに動くはずです。

第9章

「龍」という幻影

存在感を弱める龍

ここまでのことを実践いただけていたとしたら、うまくいけば当初の話題の中心であった5つの龍についいては「ああ、そういえば、そんなことを思い悩んでいたこともあったな」という軽い感覚で受け止められるのではないかと思います。

なぜかというと、**後継者の悩みの本質は「自分はこんなにがんばっているのに、周囲の人間は自分を尊重していない」**という思いに尽きるからです。

社員がついてこない事実、会社を変えようとすると誰かに邪魔をされる事実、新しい取り組みを始めようとしても誰も賛成しない事実。どれも目に見える現実は違っていますが、本質的には同じ問題なのです。「なぜ自分のことを尊重し、自分についてきたり、自分をサポートしようとしないのか」という思いこそが後継者の持つ悩みの本質です。

前半で出てきた5つの龍をおさらいしてみましょう。

・第一の龍：時の龍（社会の変化と賞味期限切れのビジネス）
・第二の龍：疎外の龍（後継者が孤独を感じる状態）

・第三の龍：監視の龍（後継者が常に周囲の評価に囚われている状態）
・第四の龍：執着の龍（親がどうしても会社を退かない）
・第五の龍：不動の龍（自分を動かさず周囲を動かそうとする心）

といったラインナップでした。

この五つの龍のうち、二～五の龍についてはほぼ、後継者の心の持ち方を変化させることでまったく気にならない問題になります。強いて言えば、第四の龍では引っかかることもあるかもしれませんので、少し解説しておきましょう。

親は会社における最大のリソース

恐らく、スタート地点では、この第四の龍の問題が一番重い内容に感じたかもしれません。しかし、社員に自分が受け入れられ、自分の色のついたコミュニティを形成できると、この問題も存在感が自然と薄くなってきます。

すでにお話ししたとおり、仮に親をコントロールできなくとも、その親の行動を許容できるぐらいに後継者に余裕ができるからです。

とはいえ、年齢的な問題や会社の様々な動きの中で、時として後継者としては難しい判断を迫られることもあるでしょう。

そういったときに、後継者であるあなたは、会社のリソース（資源）をフルに活用して経営を行う必要があります。そんな中、長年会社を引っ張ってきた親は、会社の中でも最大のリソースと言えるでしょう。

今までは、自分とは違う方向へその力を発揮してきたから、自分にとっての大きな抵抗力になりました。しかし、この強力な力を、あなたがありたい会社の方向へ向かう必殺兵器として使えたらどうでしょうか？　これほど心強い味方はいません。

考え方の上で、あなたの親が完全に合致する必要はありません。実際の行動について、あなたが考える方に向いてくれればいいだけです。

親が近代的なスキルに弱いとなれば、それを他の人間がサポートするのもありです。工夫できることは様々あります。

これは会社のリソースをうまく使うひとつの訓練だと考えられないでしょうか？会社という組織、言い換えるならコミュニティを作るなら、そのコミュニティ全体の最適化を考えていけばいいのです。

私は本人が生涯現役でありたいと願うなら、それもいいのではないかと考えています。その姿勢を親に明確にすることで、親は心理的な安全を確保できるようになります。お互いの守備範囲を明確にすることで、共存が可能となる事も少なからずあるでしょう。

後継者としては、親の強みを活かし、弱みをカバーする方法を考えるだけです。

売上がゼロになった古い工場がV字回復した、たったひとつの理由

第二〜第五の龍を克服したとすれば、現実的な存在感を持って残っているのが、第一の龍「賞味期限切れのビジネスをどう変えていくか?」という問題です。これはまさに、各社が各社の持ち味を活かしながら考える問題です。

そういった戦略の専門書は多数出版されているので、本書ではちょっとした手掛かりとなりそうなエピソードをご紹介します。

「ついに、東京のデパートに常設売り場が出せることになりました！」

毎月のように電話をくれていた、ある友人からの嬉しい知らせです。

彼の名は、株式会社丹後代表の丹後博文氏です。もともとは、愛媛県今治市で保険代理店と不動産業（不動産業は父の代ではほとんど休眠状態であった）を営むお父様の会社を引き継いだ二代目経営者です。

彼の場合、お父さまは早々に引退しておりました。後継者である丹後氏は、持ち前の行動力で、引き継いだ保険代理店を順調に大きくし、休眠していた不動産業も再起動。二代目経営者としての成功例と言える状態だったと思います。

しかし3年前、彼は後継者のいない古いタオル工場の経営に乗り出しました。何の縁故もないタオル工場です。そのタオル工場の経営者は、高齢なため工場を閉めようと思っていたところ、丹後氏が「自分にやらせてください」とその工場を買い取ったのです。

保険や不動産とは違い、製造業の場合、ヒット商品が生まれれば一気に売上アップも期待できる業種です。とはいえ、タオルはコモディティ化も進んでおり、差別化が難しい商品だとおもいます。多くの人はスーパーで買うことができる、比較的安いタオルを使い捨てるというのが今の考え方ではないでしょうか。私もそのひとりでした。ヒット作など、そうそう作れるものでもないでしょう。

案の定、これが彼の苦労の始まりでした。そのタオル工場の取引先は「先代が引退されるのならもう取引はやめる」ということで、彼が会社を購入した途端、売上がゼロになってしまいました。引退を決めた先代も、過去の取引先との仲を取り持とうと尽力してくれたものの、うまくはいきませんでした。

工場、経営権、社員をすべて丸抱えした丹後氏は、毎月、社員への給与支払いなどの固定費で数百万円の経費がジャブジャブと出ていく一方、販売先の開拓から始めなければなりませんでした。

経費を保険や不動産の会社の利益と借り入れで埋めようとしたものの、いつまでも続くものではありません。一刻も早く止血が必要な状態です。現金が尽きれば、いつ倒産してもおかしくない状況に、彼は夜も眠れなかったと言います。

販売先を確保するために、まず「今治タオル」のブランドを使えるよう、地元の同業者組合に掛け合いました。ちょうど今治のタオルが見直される機運があったタイミングなので、付加価値の高いタオル製造にはそのブランドがあるとないとでは大違いです。

しかし、組合としてはどこの馬の骨ともわからない新参者に、自分たちが作り、育ててきたブランドを使わせることを躊躇したようです。

それはまっとうな考えでしょう。タオルのことを知らないド素人が自分たちのブランドを使うことを許せば、一歩間違えればブランド価値を毀損しかねないのですから。

それでも丹後氏はあきらめませんでした。通販サイトの立ち上げ、ホテルやデパートへの営業、さらなるリスクをとっての新商品開発。そして、今治タオルというブランドが使えない以上、自分たちのブランドを作り上げよう、と、OLSIA（オルシア＝幸せを織るという造語）ブランドを作り上げました。

小さな歩みをひとつずつ踏み出しては挫かれ、踏み出しては挫かれを繰り返していたある日、転機が訪れます。

きっかけは、ある女性向けファッションメディアへのアプローチでした。その後、雑誌への掲載、雑誌社開催のイベントへの出展を機に、こんどは様々なメディアの取材が殺到するようになったそうです。プロモーションの先頭に立つのは、奥さまの佳代さん。彼女は、ブランドイメージの構築やメディア対応をまさに寝る間も惜しんで行っているようです。子育てをしながらの精力的な活動と、地元今治への熱い思いが認められ、彼女は日経ＷＯＭＡＮ『ウーマン・オブ・ザ・イヤー２０１９』において、新・事業承継モデル賞を受賞しています。

丹後社長に、会社復興のポイントを単刀直入に聞いてみました。彼は一言、こういいました。

「商品開発がすべてです」

ブランディングやプロモーションの工夫もあったのでしょうが、何をおいてもまずは商品。彼は未だ忙しい合間を縫って店頭に立ち、お客さまの生の声を聴くことを欠かしません。肌触りの良く、吸水性の良いタオルは、繊維の密度が高い分、乾きにくくなります。その肌触りと乾きやすさを両立できないかと、素材や織り方を工夫してみたり、インテリアとして使えるラグのようなタオルを作ってみたり、書家とのコラボ作品など、次々と機能だけでなくタオルという概念を打ち壊すような商品開発を行っています。

彼らの話は、現在進行形です。しかし売上高のグラフがゼロを舐めていた時期とは違い、今はまさに右肩上がりということが目の前で起こっています。

そして彼は、実は無意識に、タオル業界の常識を踏み外していました。しかし、それこそが彼らの躍進のきっかけとなったのです。

古い会社を変化させるためのはじめの一歩

タオル業界に関わらず、以前はいろんな機能や素材などといった様々な開発を行い、世に新たな価値を提案してきた業者が、今は自発的な商品開発を行っていない業界は非常に多いようです。

商品開発はリスクです。うまくいくこともあれば、失敗することもあるからです。そして、実際には失敗のほうが圧倒的に多い。一方、できるだけリスクを取らぬよう、既存商品を大量に効率よく売ろうとすると、商品はコモディティ化していきます。

恐らく多くの企業は、親の代で効率化のフェーズに入りました。できるだけ失敗をせずに、効率を高めることが良しとされるフェーズです。こうなると値段競争に陥ります。すると、さらなる効率化が求められ、その果てにはその商品の市場での価値をますます落としてしまうことになります。

そこに対処していくには新たなS字カーブを描くことが必要となります。その方法は、新たな商品を開発するか、既存の商品に今まで見出せなかった新たな価値を見出すかのいずれかです。

作るものを変えるとか、売るものを変えるとかいう、大げさな話ではなく、自分たちの商品をもう一度再定義するというところをスタート地点に据えるだけでもかなりの変化へのヒントになるような気がします。

その過程で、自分たちが扱う商品の起源にさかのぼってみる、創業当時の話を聞いてみる、自分たちの商品が世の中にどんな変化をもたらしたかを見直してみる、という過去をさかのぼることで見えるヒントはたくさんあると思います。

儲け続ける会社の2つの共通点

私は保険の仕事を通じて、様々な企業経営を間接的に見せていただく機会に恵まれました。

多くのお客さまから「今、どんな業種が儲かっている?」と聞かれますが、たいていこう答えています。「業種ごとに儲かっているか否かをわけるのは難しい」と。

同じ業種でも儲かっている企業もあれば、倒産寸前のところもあります。しかし、儲け続ける会社にはふたつの特徴があります。

「しっかりした軸を持っている企業」と「常に新しいことに挑戦している企業」です。

「しっかりした軸」とは「方針が明らかな企業」ということです。

逆に言えば、市場や取引先に迎合するばかりで、自社としての主体性を持たない会社は、だんだんと業績が厳しくなっていきます。当たり前ですが、周囲と違うことをするためには考えるべきことがたくさん出てきます。値段競争をしない、と決めたとすれば値段ではない顧客に対するどんな価値を提供するかを明確にしなくてはなりません。

私の観察では、こういったことを考える過程が、その企業の軸を作り上げるのではないかと思います。

「常に新しいことに挑戦している企業」は言葉の通りで、常に新しい商品や技術開発を行ったり、社内の仕組みもいろいろなことにトライ&エラーを繰り返しています。そこまで大げさなことでなくても、日々小さなチャレンジをしている会社です。言い換えるなら、「やったことのないことをやってみよう」という意志を持った会社です。

こんな会社を作るには、やっぱり後継者として、自分がどんな会社を作りたいか、会社を通して何を成し遂げたいか、ということがある程度明確になっている必要があります。本書の中で、会社のことよりむしろ、後継者自身の夢や希望を考えるシーンを作ったのはそういった理由からです。

なぜならば、やったことのないことをやるのは怖いのです。その怖さを踏み越えるには、「その先を見てみたい」という意志の力が必要なのです。

龍は私たちの心の中を映す鏡である

この章をまとめるにあたって、なぜ後継者に降りかかる問題に「龍」という例えをしたのかをお伝えします。

古来の物語では、龍と言えばおそろしい怪獣です。しかし、最近のイメージはと言えば神様の使いという表現のほうが多くなっているように感じられます。

龍は、その人がどう見るかでその本質を変えていく生き物なのでしょう。そして、後継者の目の前に現れる5つの問題は、龍と同じように見方を変えるとそのあり方は変化していきます。かつて恐ろしい怪獣にみえた龍も、あなたをあと押しする龍神にさえ姿を変えることがあります。

「時の龍」は、過去のしがらみを断ち切り、新たな経営を目指すあなたの援軍です。時代の変化の中にある状況こそが、あなたの眠った能力を起動させてくれます。人は、ピンチにこそ持てる力を発揮できるものです。

「疎外の龍」は、この存在に気づくことで、チームを得ることができるきっかけとなります。人に受け入れられていない孤独を知るからこそ、その孤独の理由を考えざるを得なくなるのです。

「監視の龍」は、自分が自分を信頼できていないことを見せてくれます。弱い自分を隠そうとしながら生きる人が大半の中で、そのことに気付くことで自分の能力をより発揮できる方向へ導いてくれます。

「執着の龍」は、それを知ることで、親のことを理解できるようになります。親子での経営は、否応なく親子の距離をとることができなくなります。嫌な部分が大きく見えてしまいますが、本来は親のいい部分もまた、大きく見えているはずです。

「不動の龍」は、自分ではなく周囲の責任とすることで、自分を守ろうとする心です。あなたの周囲に現れる現実は、鏡のようにあなたの心の中を映し出しています。その現実はあたかも事実のように見えるのですが、ほとんどの場合は思い込みです。思い込みが作る現実は、思い込みを変えることで変化します。

5つの顔を持つ龍は、ある意味においては、これまで平穏だった日常をズタズタにぶち壊した存在ではあるでしょう。しかし「問題」はきっかけに過ぎません。もし、私たちの目の前に現れた龍が、神の使いだったとしたら、私たちにあることを教えてくれているのかもしれません。

「私たちが一歩、成長の階段を上るタイミングだ」ということを。

そう考えると、私たちの目の前に現れる龍というのは敵ではなく味方といえそうです。そして、龍は私たちの外にある問題というより、心の中を映す鏡なのです。

第10章

事業承継の目的とは？

データ上の「廃業」を減らしたい日本の行政

今、日本は国を挙げて、中小企業の廃業を止めようとしているように感じられます。雇用やGDPの大多数を占める中小企業を減らすことは国にとって損失だと考えているからでしょう。だから、引き継ぐ後継者がいなければ、M&Aで手っ取り早く会社を売っちゃえという話もにぎやかです。

このことで、会社の資産や社員を合併先で活かすことができ、ノウハウも継承されると考えられているのでしょう。さらには、顧客との取引も守られるという意味では、確かに事業承継のひとつの手段として注目されるのもわかります。

しかし、M&Aにおいて合併された会社は同じ会社と言えるでしょうか?

社員の雇用は常に守られるのでしょうか?

ノウハウは継承されるのでしょうか?

この辺りは、個別の事情によりますから、一概に言える話ではありません。実際に、企業グループの傘下で従来の企業の持ち味を活かし続ける会社はたくさんあります。

とはいえ、すべてが円満というわけでもないように感じるのは私だけではないと思います。場合によっては、設備を安く買う、人員を手っ取り早く確保する、販売網を簡単に取得する……など買い手には買い手の事情があります。

そういう意味では、言葉を選ばずに言えば、廃業するために会社に残ったものを売り飛ばすことと、M&Aによる事業承継はあまり大差がないように思えてくることさえあります。

そんなことを考えていくと、そもそも事業承継って何だろう？　という疑問の深みにはまってしまいます。

言葉通りに解せば「事業を引き継ぐこと」です。しかし、中小企業が営む多くの事業はすでに賞味期限切れです。だから、事業を引き継ぐつもりで事業承継を行うのは、ナンセンスです。

では、何を引き継ぐことができれば、事業承継の成功なのか。

「社会」「先代」「後継者」という3つの視点で考えてみたいと思います。

社会から見た事業承継～日本に残された唯一の技術伝承者の話

京都にある小さな企業。ここは特殊な伝統的染色技術を持っています。その技術は、今や日本国内でたった二人にしか伝承されていないそうです。

そのうちの一人はすでに病に伏せており、実質的に活動しているのはたった一人。

その方に話を伺ったところ、「一人なのでたいした仕事量はこなせない。しかし、日本で自分しかその技法を使える人がいないから、仕事の依頼の数はあるものの、人を雇って大規模にやるほどではない」といいます。


彼はこれまで後継者を育てようとがんばってきましたが、非常に大変な仕事だけに続かない。そもそも、日本中の仕事がここに集まるとはいっても、仕事に対する報酬は決して高いとは言えない金額だと言います。

業界全体が冷え切っているので、工賃は非常に安いのです。当然、後継者にも充分な報酬を支払うことが難しいし、いわゆる3K職場。だから誰もいつかないのです。

彼は60歳を機に事業をたたむことを決断しました。関係各所からはニーズがあっても、工賃を上げると文句を言われる。仕事をやってもやっても豊かにならない。これで後継者を育てるのはさすがに無理。彼はそんな風に肩を落とします。

結果として、日本からひとつの伝統的技術が失われていきました。

しかし、別の側面からこのことを見たときに、その技術がなければどれだけの人が困るでしょうか？　確かに、その業界のラインナップがひとつ減るのかもしれませんが、顧客はその状態にすぐに慣れます。

事業承継という文脈の中で、「顧客を守れ」という話はよく語られます。

一方で、これだけ特殊な技術を持った企業でさえ、なくなればなくなったように社会は動きます。しかもほとんどの中小企業の場合、これだけ希少な技術やノウハウを伝承しているケースはかなり稀でしょう。

私の父の会社でもそうです。この会社がこの世から消え去れば、数ヶ月、お客さまは混乱するかもしれません。しかしその期間を過ぎれば、何もなかったかのように別の会社との取引を行っているでしょう。

一定程度の顧客への責任を果たす必要はあるでしょうが、顧客は意外と困らないとすれば「顧客を守るため」の事業承継というのも、少しピンとこない部分があります。

さらに事業承継、特に中小企業では「雇用を守れ」という話も耳にします。

一方で、大企業における大量リストラのニュースをちょくちょく耳にします。

銀行に至っては、数万人単位で人員削減を計画しているようです。

えないのです。

そんな中、そもそも社員の雇用を守るため、無理して延命することが重要なこととはどうも思えないのです。

投げやりに見える話かもしれませんが、今の時代雇用される側も自己責任が求められる風潮があります。副業ブームもまた、会社の制度にすべての身をゆだねきれない部分があるからこそなのではないでしょうか。

終身雇用が幻想となった今、そのために会社の延命措置を行うことの是非は考えるべき課題なのかもしれません。

そう考えると、顧客のためであったり、雇用を守るためという事業承継の必然性は、果たしてどの程度あるのかと疑わしく感じてしまいます。

もちろん否定をするわけではないのですが、多大な犠牲を払ってまで続けなくてもいい気もしてしまうのです。

親（継がせる側）から見た事業承継

興味深い傾向があります。

事業承継のタイミングに差し掛かったとき、創業社長はなかなか経営権を譲ることはできません。一方、30～40年前に親から会社を引き継いだ二代目が60歳代後半～70歳代に差しかかるころには割とすんなり代を譲ります。

あくまで私が感覚的に感じているものなので詳しいデータがあるわけではありません。しかしどうも、会社に対する執着は、創業社長と二代目社長では圧倒的に違う印象があります。あたりまえと言えば当たり前かもしれません。初代はその会社をゼロから作り上げたし、その苦労を体験しています。しかし、二代目は会社を作る苦労はしていないけど、会社になじむ苦労を体験しています。


現在70歳に近いある二代目社長はこう言いました。

「僕は父から会社を引き継いで、定年退職できる日を心待ちにしていました」

息子に代を譲ってからは、すっぱりと会社に立ち寄ることもなくなったようです。

この違いについて、象徴的ともいえる私の父の言葉があります。それは、会社の自社ビルを建てる際に言った言葉です。私は当時、借り入れを起こしてのビル建設には反対でした。そんな私に、父はこう言いました。

「自分の生きた証を残すために、ビルを建てるのが夢だった」

会社という入れ物であれ、実績であれ、自社ビルであれ、商品であれ、何かしらの証をこの世に残しておきたい。父は保険の販売で起業したので、実績と言った無形のものはあったとしても、形になるものがないわけです。その象徴として、自社ビルを残したいと思ったのかもしれません。そんな思いが、創業社長にはあるのでしょう。

そしてそれを守る守り人として、自分の息子や娘をあてがおうというのはわかりやすい話です。そういった考えがベースにあるとすると、後継者がその会社なり会社の物や商品を変えてしまうとすると、守り人失格です。親の立場としては、親が手掛けたものをそのままの形で残したい思いがあるのでしょう。

これを変えようとする後継者は、守り人に適さなくなってくる。結果として、親子は対立するという一面もあるのではないかと思います。これがエスカレートすると、泥沼の親子の確執に向かっていくわけです。

もうひとつの考え方があります。そもそも継がせる立場の人間にとって、本当は会社の行方はどうなってもいいのではないか、ということです。根拠は明白で、会社から自分がなかなか退かないところにあります。

単純に考えて、会社の存続をすべてにおいて優先するとすれば、早い段階で後継者を自走させようとするはず。子どもの自転車の練習につきあって、いつまでも支えの手を離さない人はいません。転んでも、ぶつかっても、それを一人でやらなければ意味がないことを知っているからです。

会社においても同じです。後継者が転ぼうが怪我をしようが、一人で乗り切ることができなければ、会社の運営などできるはずもありません。

もし、会社を守ることを最優先とするならば、親は子を一人で走らせ、それがうまくいくのを見届ける立場にいるのが普通です。いつまでも手を差し伸べるのは、会社の存続を最優先にしているとは思えません。

本来は、親子が会社の存続のために尽くすのが事業承継、というイメージがありますが少なくとも、親は会社の存続を最優先しての行動と思えないことも少なからず見て取ることができます。

後継者（継ぐ立場に立つ子）から見た事業承継

次に、後継者の視点にフォーカスを当ててみましょう。

後継者が事業承継する理由はどこにあるのでしょうか？

・世の中では親の事業を子が継ぐのは当たり前（といわれている）だから
・親がそうすることを希望しているから
・自分の立場上そうせざるを得ないから
・他に特にやりたいことがあるわけではないから親の意向をくんで

たぶん多くの場合は、自分の意志で決めたというより、そうなるような状況があったというケースが多いのでしょう。

私の場合も同様です。父はどうやら（はっきりとは言葉にはしないけど）自分を跡継ぎにさせたがっている——そんな空気を、小学生のころから感じ取っていました。

ではなぜ、その思いを忖度するのかを考えてみたとき、ある事実が浮かび上がってきました。

ずっとずっと親に認められたかったのです。

しかし、厳しい言い方をすれば、これは甘えです。本来、大人になった私たちは、親であれ周囲の人間であれ、自分以外の誰かに評価を求めることは卒業すべきです。その役割は、自分自身が負うべきもの。つまり、自分で自分のことを認められるように生きることが大事です。

世間、業界、社員、親……そんな周囲の評価を気にすることなく、自分で自分にＯＫを出せる状態こそが後継者のゴールです。会社を継ぐのはあくまで通過儀礼。

私が事業承継で学んだもっとも重要なことは、「自分の人生は、自分として生きるべきだ」ということ。誰かの代わりでもなく、誰かの代弁者でもなく、後継者には後継者の人生があります。

そういう意味では、周囲の論調や風評に惑わされないよう、自分の軸をしっかり持つことが大事なのです。

事業は継続させるべきものという幻想

誰もが、一旦事業を始めた以上は続けなければならないと信じています。

しかし、事業の中には「一代で終えてもいい性質」のものもあるのではないでしょうか。よりによって、中小企業の多くは、事業としてはかなり色あせているものが多いと言われています。

今の事業が多くの人に求められ、行列ができるようなものであれば、それを提供する意義はあるでしょう。しかし、今や多くの商品やサービスは過剰供給気味です。だから値段も安くなるし、ビジネスとして成立しにくくなってきています。

するとどの企業も、事業の転換を余儀なくされます。それを親子の面倒なしがらみの中で、無理に続けていく理由なんてどこにあるのでしょうか。

顧客には代わりの業者がいるし、社員は自分で道を切り開くべき時代となっています。これらを守るために、自己犠牲で会社を継ぐ人間を、いけにえのように差し出す必要があるか？

そう考えていくと、親の事業を継いだ後継者が、自分の立場について説明するための理由を会社の外に求めるのはナンセンスなような気がします。

後継者は、先代の「生きた証」の守り人にならざるを得ない状況を強いられる、という話がありました。この「守り人」が様々な物語で出てくるのは、「社会に大きな影響を与えるスキルやツール」であることが前提です。

世界を破滅させかねない力を持った魔石とか、テクノロジーとかを、悪い奴等から守る、というパターンですね。

さて、先代は果たして、社会にどんなインパクトを与える秘宝を持っていたのでしょうか？

以前、私は父に「創業した理由」を聞いたことがありました。「食べていくため」「保険屋は初期投資がいらない」とそっけなく言う父にしつこく聞いていくと、次のような返事が返ってきました。

「実際に自分がサラリーマンとしてあるメーカーの総務をやっていたとき、取引していた保険会社の対応が悪かったから」

もう少し話を聞いて、私なりに要約すると、「きめ細かな顧客の要望に応えられない保険会社と、専門知識を持たない企業の間を取り持つ機関」としての起業であったことがうかがい知れます。もう少し突っ込んだ言い方をすれば、種々雑多な仕事で忙殺される総務の社外相談機関を目指した、とでも言えるでしょうか。

これは、父から見れば戦略であり、ポジショニングと言えるかもしれません。

しかしそれが成立する以上は、顧客はそういったサービスを望んでいた背景があったということです。社会の中で、求められるサービスだったようです。

つまり、父は企業の総務の社外相談機関として、この社会の中に居場所を作ったことになったのだと思います。

従来の私なら、こういった親がとった戦略である、「企業の社外総務相談所」というコンセプトは受け継ぐべき、と考えていました。

しかし、今は少し考えが変わっています。

社会にある問題もまた社会の変化とともに変わります。前の世代で解決されてしまったこともあれば、今後、ＡＩなどで解決が予想される分野もあるでしょう。

だから、社会へどのような影響を及ぼすかも、先代から引き継がれたひとつのものにこだわる理由が見当たらなくなると思います。
とはいえ、こういったことは、ヒントにはなると思うので、自分の会社のルーツは知っておいたほうがいいと思います。

これからの事業承継に対する後継者の考え方

社会に何かしら事件が起こると、警察では捜査本部が設置されます。各部署で経験を積んだ人たちが連携してひとつの事件という「課題」を解決するために集います。

そして、事件が解決されれば、その捜査本部は解散されます。それでも彼らは警察官であることに変わりありません。日本の安全を守る警察という組織の一員です。

企業は、社会の中で暮らす人々のよりよい生活を提供するのが終極的な目的です。警察でいうところの、日本の安全を守るということと同列にある話だと思います。

そんな中で、たとえば株式会社Aというところがあれば、A社は捜査本部に相当します。何かしらの社会の課題を解決するためのプロジェクトチームです。

警察の捜査本部ほどは、出来たり解散したりを頻繁に行うことはないにしても、課題はその時々によって変わります。

あるときは、父の世代で起こした事業で、何かしらの社会問題を解決に導いてきた。

しかし、後継者の代は、後継者が決めた課題にチャレンジすればいい。

もちろん、A社と同じ課題を扱うB社があるかもしれません。しかし方法論はそれぞれに違います。それがA社とB社をわける境界です。

集う人が変われば、技術も、能力も、設備も、仕事のスタイルも違う。そういった無形の、チームとしての特質を作り上げるのが、恐らく中小企業の社長の仕事でしょう。

それぞれがそれぞれの経験を持った複数の人たちが集ったときに、そこには目に見えない独特の雰囲気ができます。

これはおそらく、社風とか、企業文化と呼ばれるものではないかと思います。

ただ、捜査本部とひとつ違うところがあります。

捜査本部は事件の解決とともに解散されますが、会社というチームはリーダーとそこに集うメンバーの意志でその存続を決定することができます。

ある課題を解決して解散するもよし、ある課題を解決すればその経験をもとに、次の課題を見出すもよし。

続けるも、辞めるも、その組織が決められるプロジェクトチームです。

企業文化というのは、意識して引き継ぐものというより、そこに集う人たちの間で自然とできるもの。もちろんそこに歴史として刻まれてきた会社の経験値が加味されて、今目の前にある文化として醸成されます。

そういう意味では、先代から何かを引き継ぐ、というところとは少しイメージが違うかもしれません。それらはすべて、会社というチーム、組織の中にすでに埋め込まれているはずです。

この組織の一人ひとりが、まだ充分使いきれていない能力を開花させることがおそらく後継者の役割じゃないかと思うのです。


少し抽象的な表現でわかりにくいかもしれませんが、手っ取り早く言うとこうです。

後継者が引き継ぐべきものは、後継者の目の前にあるチームそのものではないか、ということです。これは個別の社員をどうこうという話ではありません。チームという集団という意味です。

そして、一番初めに手をつけるべきことは、そのチームを率いるあなた自身の才能を開花させる、というミッションです。

後継者が「宿命」にどう対応するかで見える未来は変わる

この世界には、貧しくまともに食事もとれない国もあります。逆に日本では、飢えることのほうが難しい、と主張する人たちもいるぐらいです。

生まれついて、身体にハンディを背負っている人もいれば、病弱に生まれつく人もいます。逆に五体満足で生まれ、体力には自信がある人もいれば、頭の回転には自信がある人もいます。

そして、サラリーマン家庭に生まれつく人もいれば、親が事業をやっている家庭に生まれる人もいます。

これを仮に「宿命」というなら、その現実を受け入れて生きるしかありません。

そんなときに、ふたつの生き方があると思います。

今ある場所から遠ざかろうとする生き方と、今ある場所にこだわろうという生き方です。その選択はまったく自由。

親が経営者である、という前提であれば会社を継ぐもつがないもあなたの自由。

そのときにあなたを止める人がいるかもしれませんが、最後に決めるのはあなた自身です。

会社は続けなければならないとか、親の会社は継がなければならないとか、そんな「常識」はクソくらえです。だいたい、世の中の常識というやつは、為政者が作り出したプロパガンダだったり、企業のマーケティングだったり、権力者（目上の人）が人を服従させるための根拠のない言い分だったりするものが多いものです。

誰がなんと言おうと、自分はこう思う。そういう気持ちを大事にするのが一番です。そんな中、自己犠牲で親の会社を継ぐとすれば、それは到底お勧めできません。逆にそれでうまくいくほど甘いものではないようにも思えます。

身体的なハンディを持つ人の話を聞くと、いろいろと考えさせられる話があります。ある方は、事故で体の自由を失い、絶望の淵にいたといいます。何年も自分の不幸を呪うばかりの日々だったその方が、あるときにふと感じたそうです。

こういう事故にあったのは、社会の中では少数派だ。だからこの自分の「特別な経験」を活かすことで、なにかできないだろうか？

そして今、彼は同じような境遇の人が輝ける場を作るための会社を作ってがんばっています。

身体的なハンディが、彼の人生の方向性を決めたと言えるかもしれません。

私たちもまた、経営者である親を持ち、会社を引き継がざるをえない状況があるとすれば、これはキッカケなのかもしれません。

制約は救いです。制約があるからこそ、方向性が見えやすくなることはあるでしょう。そして、後継者であることは、きっかけに過ぎないのだと思います。このきっかけをどう活かすかは、私たち自身にゆだねられています。

きっかけをもらったことで、私たちの人生は何倍も濃いものになる可能性があるのではないかと思うのです。少なくとも悩む機会を提供されているのですから。

悩み躓くことは、変化への入り口です。これまで誰かのロボットとして生きてきた自分が、本当の自分を取り戻すチャンス。しっかりと悩み、自分なりの答えを出してみてください。

最後に言います。

私は、事業承継は後継者にとって、親の遺志を継ぐことでも、事業を継ぐことでも、何かの義務を負うことでもないと考えています。

あえて引き継ぐものがあるとすれば、起業当初の感情です。それは、未知の世界へ踏み出す開拓者精神ではないかと思うのです。

おわりに

長嶋一茂さんが球界にデビューしたころ、私は大学に入学にしたころでした。

彼が国民的スターである父親と同じ世界でプロになったという話を聞いて、少し他人事ではない出来事として気になっていました。親の会社を継ぐつもりだった自分と重ねてみていたのかもしれません。

彼の著書によると、小さいころは野球と空手に夢中だったそうです。そして、悩んだ挙句野球をとったそうです。

まだ若かった彼でも、恐らく父親と同じ道を歩むことが大変なことであることはそれなりに想像していたものと思います。それでも彼はあえて野球を選びました。

恐らく、お父さんに認めてほしかったのでしょう。お父さんに喜んでもらいたかったのでしょう。

すべてがそうだとは言いませんが、あえて親の会社を継ごうとする子は、親に認めてもらえることを夢見て親と同じ道を歩むのではないかと思います。

しかし、実際はそういうわけにはいかないのが現実です。親は自分を追い上げてくる子供を素直に認めることは難しいことが多い。

悲しいのは、そういった本心を当事者が気づくことなく、いがみ合い、傷つけあう現実があるということです。そういった事態を抜け出すには、本来は双方が人として一回り大きくなる必要があります。

親子の事業承継がうまくいかない背景には、双方の人間としての成熟度の問題が挙げられると私は考えています。

相手の未熟を指摘することは簡単です。しかし、双方の問題としてとらえるにあたっては、自分が未熟であることを知る必要があります。私の内側にこそ答えがある。そのことに気づかせてくださった方がいます。経営者向けのメンタルコーチを行う若林由香さんです。彼女にいただいたきっかけは、本書のコアとなる考え方を形作る気づきとなりました。

また、出版社との間を取り持っていただいた仲村友美さん、そしてみらいパブリッシング副社長の田中A子さん、編集の小根山友紀子さんのご尽力で、本書を世に出すことができました。

本書の出版が決まる少し前、50歳の誕生日を迎えました。

その朝、ベッドの中でぼんやりこれまでの自分の人生を振り返ってみたとき、ある思いがふっと湧き上がってきました。

「良いことも、そうでないことも、今の自分を作るエッセンスだったんだな」と。

この世に生まれた喜びを、50歳になって初めて実感するという驚きの誕生日でした。

そんな自分を生み育ててくれた両親と、これまでともに歩んでくれた妻と娘に感謝の意を表し、ペンを置きたいと思います。

田村　薫

参考文献

『乗るのが怖い 私のパニック障害克服法』長嶋一茂（幻冬舎新書）
『夜と霧』ヴィクトール・E・フランクル（みすず書房）
『ゴードン博士の人間関係をよくする本―自分を活かす相手を活かす 』トマス・ゴードン（大和書房）
『親業』トマス・ゴードン（大和書房）
『人を動かす「仕掛け」あなたはもうシカケにかかっている』松村真宏（PHP 研究所）
『60 分間・企業ダントツ化プロジェクト 顧客感情をベースにした戦略構築法』神田昌典（ダイヤモンド社）
『拡張の世紀』ブレット・キング（東洋経済新報社）
『会社の寿命―盛者必衰の理』『続・会社の寿命―衰亡招く「第 2 の法則」』（ともに日経ビジネス編）
『マーケティングとは「組織革命」である。 個人も会社も劇的に成長する森岡メソッド』森岡毅（日経 BP 社）
『脳は「ものの見方」で進化する』ボー・ロット（サンマーク出版）
『EA ハーバード流こころのマネジメント――予測不能の人生を思い通りに生きる方法』スーザン・デイビッド（ダイヤモンド社）
『ブルー・オーシャン・シフト』W・チャン・キム、レネ・モボルニュ（ダイヤモンド社）
『サピエンス全史　上下合本版　文明の構造と人類の幸福』ユヴァル・ノア・ハラリ（河出書房新社）
『カリスマは誰でもなれる』オリビア・フォックス・カバン（角川書店）
『自分の小さな「箱」から脱出する方法 ビジネス篇 管理しない会社がうまくいくワケ』アービンジャー・インスティチュート（大和書房）
『ヒットの設計図－ポケモン GO からトランプ現象まで』デレク・トンプソン（早川書房）
『今こそ知りたい AI ビジネス』石角友愛（ディスカヴァー・トゥエンティワン）
『上司のすごいしかけ』白潟 敏朗（中経出版）
『創業一四〇〇年――世界最古の会社に受け継がれる一六の教え』金剛 利隆（ダイヤモンド社）
『こうすれば組織は変えられる !―「学習する組織」をつくる 10 ステップ・トレーニング』ピーター・クライン、バーナード・サンダース（フォレスト出版）
『潜在能力でビジネスが加速する――才能を自然に引き出す 4 ステップ・モデル』ポール・R・シーリィ（フォレスト出版）
『自己愛性人格障害と社長』堀之内高久、佐藤昌弘（株式会社マーケティングトルネード）
『世界はシステムで動く ―― いま起きていることの本質をつかむ考え方 』ドネラ・H・メドウズ（英治出版）
『図解 モチベーション大百科』池田貴将（サンクチュアリ出版）
『なぜ人と組織は変われないのか――ハーバード流 自己変革の理論と実践』ロバート・キーガン、リサ・ラスコウ・レイヒー（英治出版）
『ドラッカーの遺言』P・F・ドラッカー（講談社）
『なぜ弱さを見せあえる組織が強いのか――すべての人が自己変革に取り組む「発達指向型組織」をつくる』ロバート・キーガン、リサ・ラスコウ・レイヒー（英治出版）
『チームが機能するとはどういうことか――「学習力」と「実行力」を高める実践アプローチ』エイミー・C・エドモンドソン（英治出版）
『成功するには ポジティブ思考を捨てなさい 願望を実行計画に変える WOOP の法則』ガブリエル・エッティンゲン（講談社）
『千の顔をもつ英雄』ジョゼフ・キャンベル（人文書院）
『物語の法則 強い物語とキャラを作れるハリウッド式創作術』クリストファー・ボグラー＆デイビッド・マッケナ（アスキー・メディアワークス）
『科学的 潜在意識の書きかえ方 』小森圭太（光文社）

著者からのご案内

本書は私の約30年に及ぶ経験と、
その間に出会った方々へのインタビューによる
仮説と検証をもとに構成しました。
一冊の書籍にそのすべてを網羅することは難しい作業でした。
より細かな内容は、下記 WEB サイトに日々アップしております。
不定期ではありますが、メールマガジンの発行、
後継者のためのコミュニティなどを主宰しております。
ぜひご覧ください。

https://jigyo-shokei.com
『親と子の心をつなぐ事業承継』

プロフィール

田村 薫（たむら かおる）

サンクリエイト株式会社　代表取締役
株式会社アウェイク　代表取締役
株式会社 GIVERZ　取締役

1968年生まれ。大学卒業後、父親の経営する保険代理店に就職、後に代表取締役となる。その過程で多くの中小企業において、親子での事業のバトンタッチがうまくいっていない実態を目の当たりにする。25年にわたりその確執について、独自に研究。後継者の才能を開花させることを目的とした、後継者コミュニティ『後継者倶楽部』を主宰。今後、「大人の成長」をキーワードとした企画を、株式会社アウェイクにおいて立ち上げ計画中。

親《おや》の会社《かいしゃ》を継《つ》ぐ技術《ぎじゅつ》

～後継者《こうけいしゃ》のゆく手《て》をはばむ5つの顔《かお》を持《も》つ龍《りゅう》とのつきあい方《かた》～

2019年7月14日　初版第1刷
2021年8月15日　初版第2刷

著者：田村薫《たむらかおる》
発行人：松崎義行
発行：みらいパブリッシング
〒166-0003 東京都杉並区高円寺南4-26-12 福丸ビル6F
TEL：03-5913-8611　FAX：03-5913-8011
企画協力：Jディスカヴァー
編集：小根山友紀子
ブックデザイン：堀川さゆり
発売：星雲社（共同出版社・流通責任出版社）
〒112-0005 東京都文京区水道1-3-30
TEL：03-3868-3275　FAX：03-3868-6588
印刷・製本　株式会社上野印刷所

ISBN978-4-434-26242-5 C0034

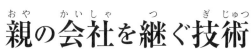